» Es gibt Momente im Leben,
die so unvergesslich sind, dass sie eine
Reise zur Safari deines Lebens machen.

NATIONAL GEOGRAPHIC

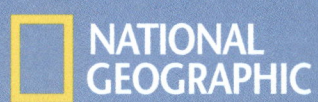

SONJA PIONTEK

Sonnengeflüster

ZWEI FRAUEN OFFROAD DURCHS UNBEKANNTE NAMIBIA

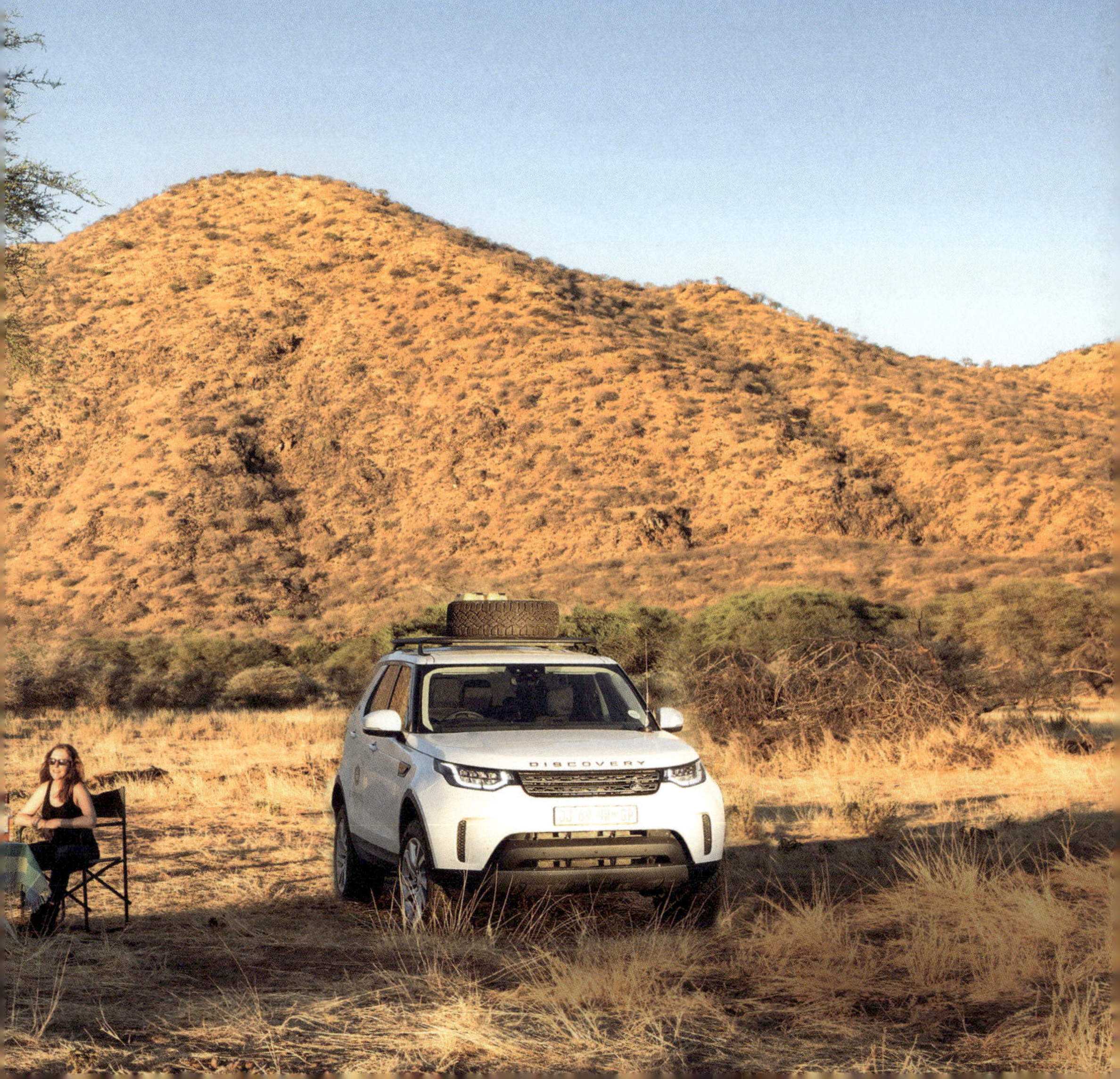

Inhalt

HINTER DEN KULISSEN

» *Die Himba sind die glücklichsten Menschen der Welt – sie kennen keinen Stress.*

Rimunikawi Tjipurua, Himba

Immer wieder Namibia

VORWORT VON MICHAEL MARTIN

Als ich vor dreißig Jahren zum ersten Mal durch Namibia fuhr, gab es noch kaum Lodges, Campingplätze und Reiseleiter, die heute das Reisen in diesem Land so einfach und attraktiv machen. Kurz zuvor war Namibia nach langem Bürgerkrieg unabhängig geworden und die Aufbruchstimmung war überall mit Händen zu greifen.

Ich erlebte damals ein Land von großer landschaftlicher Schönheit und Vielfalt, das mit keinem anderen in Afrika zu vergleichen war. Es reichte manchmal eine Stunde Fahrt, um von fruchtbaren Bergregionen durch die Wüste an die raue Atlantikküste zu gelangen, oder von der modernen Hauptstadt Windhoek in verschlafene Nester mit unaussprechbaren Namen im Farmland. Ähnlich erging es mir mit den Menschen, die so unterschiedlich lebten und aussahen und sich doch unter dem Dach der jungen Nation zusammengefunden hatten.

In den Folgejahren bereiste ich das Land mit eigenem Geländewagen, mit angemieteten Fahrzeugen und auf meinem Motorrad. Immer schätzte ich die überschaubaren Entfernungen, die guten Wegweiser sowie Straßen und Pisten ohne Schlaglöcher. Ich genoss romantische Nächte im Windschatten meiner Maschine an der Skelettküste genauso wie das wilde Zelten im Kaokoveld. Nach einem Dutzend Reisen glaubte ich das Land zu kennen – und entdeckte doch immer wieder neue Pisten, die mich in wunderbare Landschaften führten.

Die wirtschaftliche Entwicklung, die Namibia in den letzten Jahrzehnten genommen hat, ist beeindruckend. Vor allem die beiden so unterschiedlichen Bereiche Bergbau und Tourismus trugen dazu bei. Den größten Nutzen davon hat allerdings bis heute die weiße Bevölkerung, denn auch wenn inzwischen eine kleine Mittelschicht in den Städten entstanden ist, leben große Teile der schwarzen Bevölkerung weiter in prekären Verhältnissen.

Wer heute als Tourist durch das Land fährt, wird von den sozialen Problemen wenig mitbekommen, zu dünn besiedelt ist Namibia entlang der klassischen Routen. Der Reisende erlebt vielmehr fantastische Landschaften, wunderschön gelegene Lodges und Campingplätze, gut präparierte Pisten sowie ausgesprochen freundliche und offene Menschen.

Von einer solchen Tour erzählt dieses Buch. Routenführung, Dauer und Fahrzeug unterscheiden sich bewusst nicht groß von den Reisen anderer Touristen. Damit wird deutlich, wie viel man in vier Wochen mit einem gemieteten Geländewagen auf eigene Faust in Namibia erleben kann. Voraussetzung ist, dass man so neugierig und offen durch das Land reist, wie das Sonja Piontek und Carolyn Strover getan haben.

Sonja schreibt in sehr persönlichen Texten von der Begegnung mit interessanten Menschen und von unvergesslichen Erlebnissen in den weiten Landschaften Namibias. Sie vermittelt dem Leser aber auch, in welcher Phase ihrer persönlichen Entwicklung sie sich zu dieser Reise entschlossen hat. Sie wurde dabei von ihrer Freundin Carolyn begleitet, die mit ihrer Kamera immer nah an den Menschen und an der Autorin dran war.

Das Buch macht Lust, lieber heute als morgen in dieses Land aufzubrechen, und ist dabei auch hilfreicher Leitfaden bei der Verwirklichung der Reiseplanung. Ich selbst habe in den letzten dreißig Jahren fast dreißig Fahrten durch Namibia unternommen und ich freue mich darauf, bald wieder dorthin zurückzukehren.

Michael Martin

Alles sprach *gegen diese Reise*

WO SICH DIE KRAFT
POSITIVER GEDANKEN MANIFESTIERT

Wir schreiben das Jahr 2020 – ein Jahr, das wohl die meisten von uns so schnell nicht vergessen werden. Für mich war es persönlich wie auch beruflich das wohl schwierigste meines Lebens. Es war eine Zeit der Verluste, der Tränen und des tiefen Schmerzes. Umso wichtiger war es mir, diesem Jahr ein gutes Ende zu bereiten, wieder Kraft zu tanken und mein Lächeln zurückzugewinnen.

»Lass uns nach Namibia fahren!« Mit diesen Worten rief ich meine langjährige Freundin Carolyn an. Namibia ist seit Langem

eines meiner Lieblingsländer – ein Land, in dem meine Seele frei fliegen kann, in dem Reisetage zu einmaligen Erlebnissen werden. In der Weite und dem Licht Namibias fühle ich mich stets besonders glücklich, so, als würde die Sonne dort wohltuende Gedanken in mein Herz flüstern. Carolyn war sofort Feuer und Flamme und innerhalb kürzester Zeit schmiedeten wir Pläne. Es war immerhin schon Oktober, im November sollte die Reise losgehen. Trotz COVID-19. Trotz der unzähligen Restriktionen. Trotz des fast nicht existenten internationalen Reiseverkehrs. Und trotz der Tatsache, dass wir beide dieses Jahr nun wirklich alles andere als schwarze Zahlen geschrieben hatten. Ja, trotz alledem. Auch wenn es nicht einfach werden würden. Aber es war an der Zeit, wieder frei zu atmen, meine positive Energie zurückzugewinnen und in den letzten Wochen dieses schwierigen Jahres eine besondere Reise zu erleben.

Carolyn und ich lernten uns vor Jahren in Singapur kennen. Ich arbeitete damals noch als Marketing-Direktorin für BMW Asia,

Inmitten der Pandemie nach Namibia zu reisen und innerhalb von drei Wochen einen Buchvertrag zu unterzeichnen, erschien fast unmöglich – aber eben nur fast.

Carolyn lebte seit vielen Jahren als Fotografin in Singapur. Damals begann unsere regelmäßige Zusammenarbeit und über die Jahre hindurch entwickelte sich daraus eine herzliche Freundschaft. Während der schwierigen Monate 2020 hatte sie mir eng zur Seite gestanden – um so glücklicher war ich, diese Reise gemeinsam mit ihr zu unternehmen.

Und da sind wir nun zwei Wochen vor Abreise mit langen Aufgabenlisten und all den notwendigen Abstimmungen und Arrangements. Dazu gehört auch: Wir brauchen ein adäquates Geländefahrzeug. Die Wahl fällt klar auf einen Off-Road-Klassiker: den Landrover. Die Herausforderung: In ganz Namibia hat keiner, aber auch wirklich keiner der Vermieter diesen Wagen in seiner Flotte.

»Geht nicht« habe ich jedoch bereits vor vielen Jahren aus meinem Vokabular gestrichen. Ersetzt man nämlich »Geht nicht!« durch die einfache Frage »Wie könnte es gehen?«, eröffnen sich unerwartete Möglichkeiten. Und so haben wir nach einigen Tagen, unzähligen E-Mails, WhatsApps und Telefonaten wirklich unseren Wagen an der Hand.

Ziehen wir Bilanz, was bezüglich unserer Reise in weniger als einem Monat geschehen war:

> Knappe vier Wochen vor Abflug: die Entscheidung, im November auf eine Reise nach Namibia zu gehen. Am selben Tag: Zusage von Carolyn, dass sie dabei ist.

> Drei Wochen vor Abflug: Reiseroute steht und alle notwendigen Arrangements laufen.

> Dreizehn Tage vor Abflug: Fotogenehmigung und Arbeitsvisum sind beantragt.

> Zwei Tage vor Abflug: Beide PCR-Tests gemacht … und ein kurzes Stoßgebet gen Himmel geschickt.

> Ein Tag vor Abflug: Beide PCR-Tests kommen mit dem Vermerk »negativ« zurück.

> Am Tag des Abflugs: Unterzeichnung des Buchvertrags. Was für ein phänomenales Timing für ein bereits jetzt so spannendes und dynamisches Projekt.

Es kann losgehen, Carolyn und ich sind mehr als bereit für diese Tour, die das Jahr 2020 zu einem positiven Abschluss bringen soll. Wie ihr das gelingt, davon in den nächsten Kapiteln mehr.

Sonja Piontek

» Verbanne den Ausdruck ›Geht nicht!‹ aus deinem Wortschatz und ersetze ihn durch die simple Frage ›Wie könnte es denn gehen?‹. Das eröffnet ungeahnte Möglichkeiten und Kräfte.

Eine Reise zu
unvergesslichen Erlebnissen

Willkommen in Namibia

WO EINE EINZIGARTIGE TOUR IHREN
ANFANG NIMMT

Wir sind unterwegs! Entgegen aller Widrigkeiten haben wir es geschafft, die Tristesse dieses belastenden Jahres hinter uns zu lassen und auf dem Weg zu einer schon jetzt außergewöhnlichen Reise zu sein. Der Flieger ist erstaunlich voll. Dies liegt jedoch weniger an hohen Touristenzahlen als vielmehr daran, dass wir in einer der wenigen Lufthansa-Maschinen sitzen, die aktuell überhaupt alle paar Tage in Richtung Namibia unterwegs sind.

Viele unserer Freunde waren erstaunt, dass wir inmitten der globalen Pandemie reisen wollen, und dann noch nach Afrika. Viel zu gefährlich! Aber genau das ist es eben nicht – oder zumindest war dies so zur Zeit unserer Reise. Wahrscheinlich lag das neben einem guten und früh etablierten Sicherheitskonzept vor allem daran, dass

Namibia eines der am dünnsten besiedelten Länder der Welt ist. Mit nur knapp 2,5 Millionen Einwohnern auf einer Landesfläche von 825 000 Quadratkilometern (Deutschland im Vergleich: 83 Millionen auf 357 000 Quadratkilometern) ist Namibia einfach nur groß und leer. Da tat sich damals selbst das Virus schwer.

Die Ankunft am Hosea Kutako International Airport von Windhoek gestaltet sich ausgesprochen angenehm, erstaunlich ruhig und in Bezug auf die Restriktionen und zusätzlichen Checks wirklich gut organisiert. Mit einem herzlichen »Welcome to Namibia« gibt uns der Grenzbeamte die gestempelten Pässe zurück. Es kann losgehen, jetzt sind wir wirklich da!

Vom Flughafen geht es direkt zu Land Rover, um unseren Geländewagen abzuholen. Wanjo, der lokale Mitarbeiter begrüßt uns mit einem freudigen Lächeln und führt uns gleich in den Hof.

Auf der Safari-Lodge Okapuka treffen wir alte Freunde und gehen gleich am ersten Tag mit Ingeborg auf Safari-Ausritt zu den Giraffenherden im Busch. Begegnungen mit neugierigen Warzenschweinen (links) gehören auch dazu.

>> Der beste Weg zur Heilung ist die Kreation tiefer Glücksmomente.

Da steht er, unser Discovery, frisch geputzt und in voller Pracht, mit zweitem Ersatzrad, zwei leuchtend gelben 20-Liter-Dieselkanistern, Sandblechen und Spaten auf dem Dach – ein cooles Bild. Mit der so typisch namibischen Gelassenheit macht Wanjo mit uns nach dem obligatorischen Smalltalk die technische Einweisung. Ich hatte ihn gebeten, uns zusätzlich noch einen Kompressor, ein Reifen-Reparatur-Set und einen Kühlschrank mitzugeben. Gerade der Kompressor ist wichtig, so können wir für entsprechende Geländepassagen getrost den Reifendruck herunterlassen und ohne Stress wieder selber aufpumpen – egal wo wir sind und wie weit entfernt die nächste Tankstelle ist.

Vernünftiges Material und die entsprechende Ausstattung sind gerade in Namibia im Gelände oft »kriegsentscheidend« und wir sind mit unserem Setup sehr zufrieden. Naja, der Kühlschrank ist natürlich nicht »kriegsentscheidend«, aber ein Luxus, den Carolyn und ich uns sehr gern gönnen. Wer sieht schon fröhlich dabei zu, wie seine Schokolade bei über 40 Grad wegfließt? Wir zumindest nicht. Damit also die Schokolade

in unseren Koffern nicht schmilzt, müssen wir schnell los, zur Okapuka Lodge, einem afrikanischen Safari-Paradies vor den Toren Windhoeks. Die Lodge liegt am Fuße der Otjihavera-Berge und verzeichnet auf ihren rund 10 000 Hektar Land Hunderte von Giraffen, außerdem Nashörner, Geparden, Antilopen, Krokodile, Zebras und noch vieles, vieles mehr. Für mich ist Okapuka vor allem ein Zuhause fernab der Heimat. Jede meiner Namibiareisen, ob beruflich oder privat, starte und beende ich an diesem Fleckchen heiler Welt.

Beim Reiten im Busch, beim Sundowner auf der einladenden Terrasse, auf den Safaris und mit dem Zirpen der Zikaden verblasst der Stress des Alltags und das Herz kommt an in Afrika.

Eine Safari-Lodge mit 10 000 Hektar Land und unzähligen Wildtieren zu führen, bedeutet vor allem, dass es im Hintergrund ein Team kompetenter Mitarbeiter geben muss. Neben dem Service-Personal und den Guides arbeiten auf Okapuka Mechaniker, Maschinenführer, Wildhüter und viele mehr.

Der Erste, der uns auf Okapuka mit einem wahren Freudentanz begrüßt, ist Doggos, der Hund von Ingeborg. Der kleine Kerl ist alt geworden, aber die Lebensfreude strahlt nach wie vor aus seinen runden Äuglein. Ingeborg ist Norwegerin und lebt seit knapp zwei Jahrzehnten glücklich in Namibia. Gleich nach ihrem ersten Besuch beschloss sie, in Europa die Zelte abzubrechen und ihre Konzernkarriere aufzugeben. Kurz darauf kam sie mit nicht viel mehr als einem Koffer und einem Traum nach Afrika.

Heute leitet Ingeborg Okapuka Horse Safaris – ein Gestüt der ganz besonderen Art. Sie züchtet reinrassige Araber und begeistert ihre internationalen Gäste mit Safari-Ausritten in den namibischen Busch sowie der Teilnahme an nationalen Langstreckenrennen auf ihren top trainierten Arabern. Über die Jahre ist diese inspirierende Frau, die so sehr an Karen Blixen aus »Jenseits von Afrika« erinnert, zu einer engen Freundin geworden, und ich kann es kaum erwarten, zum Sonnenuntergang gemeinsam auszureiten.

Davor heißt es aber, George zu begrüßen, einen weiteren engen Freund, den auch Carolyn bei ihrem Besuch Anfang des Jahres tief ins Herz geschlossen hat. George ist ein außergewöhnlicher Mensch, der bewiesen

In den goldenen afrikanischen Sonnenuntergang zu galoppieren ist, als würde die Seele lernen, frei zu fliegen.

hat, dass man im Leben – ungeachtet seiner Herkunft – mit der richtigen Einstellung und mit Mut ungeheuer viel erreichen kann. Aber dazu im nächsten Kapitel mehr.

Nachdem wir unsere geräumigen Zimmer bezogen haben, gönnen wir uns auf der Terrasse von Okapuka einen ersten fruchtig-frischen Guavensaft – kaum ahnend, dass dies *das* Getränk unserer Tour werden wird. Es fühlt sich gut und richtig an, an diesem 20. November 2020 wieder hier zu sein, in die vielen bekannten und strahlenden Gesichter zu sehen, alle zu begrüßen und auszutauschen, wie es jedem Einzelnen nach diesem schwierigen Jahr geht.

Langsam neigt sich unser erster Tag in Namibia dem Ende zu. Zeit für Carolyn und mich, die Reitsachen anzuziehen und gemeinsam mit Ingeborg in die afrikanische Steppe zu galoppieren. Der Freiheit entgegen und weg von der Belastung der letzten Monate, auf dem Weg in ein neues Lebensgefühl – voller Glück, Zufriedenheit und Leichtigkeit.

Die Ausritte mit Ingeborg auf Okapuka sind jedes Mal von Neuem ein Highlight: Das unbeschreibliche Gefühl, auf einem Pferd in eine Herde Giraffen einzutauchen – förmlich eins zu werden mit diesen eleganten Riesen aus einer so fremden und inzwischen doch so vertrauten Welt. Die neugierigen Blicke dieser friedlichen Wildtiere zu erwidern und zu spüren, dass sie uns in ihrer nächsten Nähe dulden, solange wir nur ruhig und auf unseren Pferden bleiben. Welch unglaubliches Erlebnis! Auch unzählige Springböcke sehen wir auf diesem Ausritt, die seltenen Säbelantilopen, Kudus, Elands, Zebras, Warzenschweine und eine Herde Impalas. Für unseren Willkommens-Sundowner verweilen wir unter einem einladenden Akazienbaum und genießen einfach nur den Moment. Viel sprechen wir nicht. Es liegt eine besondere Ruhe und Kraft in der magischen Stunde des afrikanischen Sonnenuntergangs. Willkommen in Namibia! ◼

Am Fuße der Otjihavera-Berge und nur eine halbe Stunde vor den Toren Windhoeks liegt die von österreichisch-stämmigen Namibiern geführte Okapuka Ranch. Mit den vielen Wildtieren und dem wunderschönen Buschland ist sie ein wahres Safari-Paradies.

>> *Es liegt eine besondere Ruhe und Kraft in der magischen Stunde des afrikanischen Sonnenuntergangs.*

Ingeborg Hernes, Besitzerin Okapuka Horse Safaris

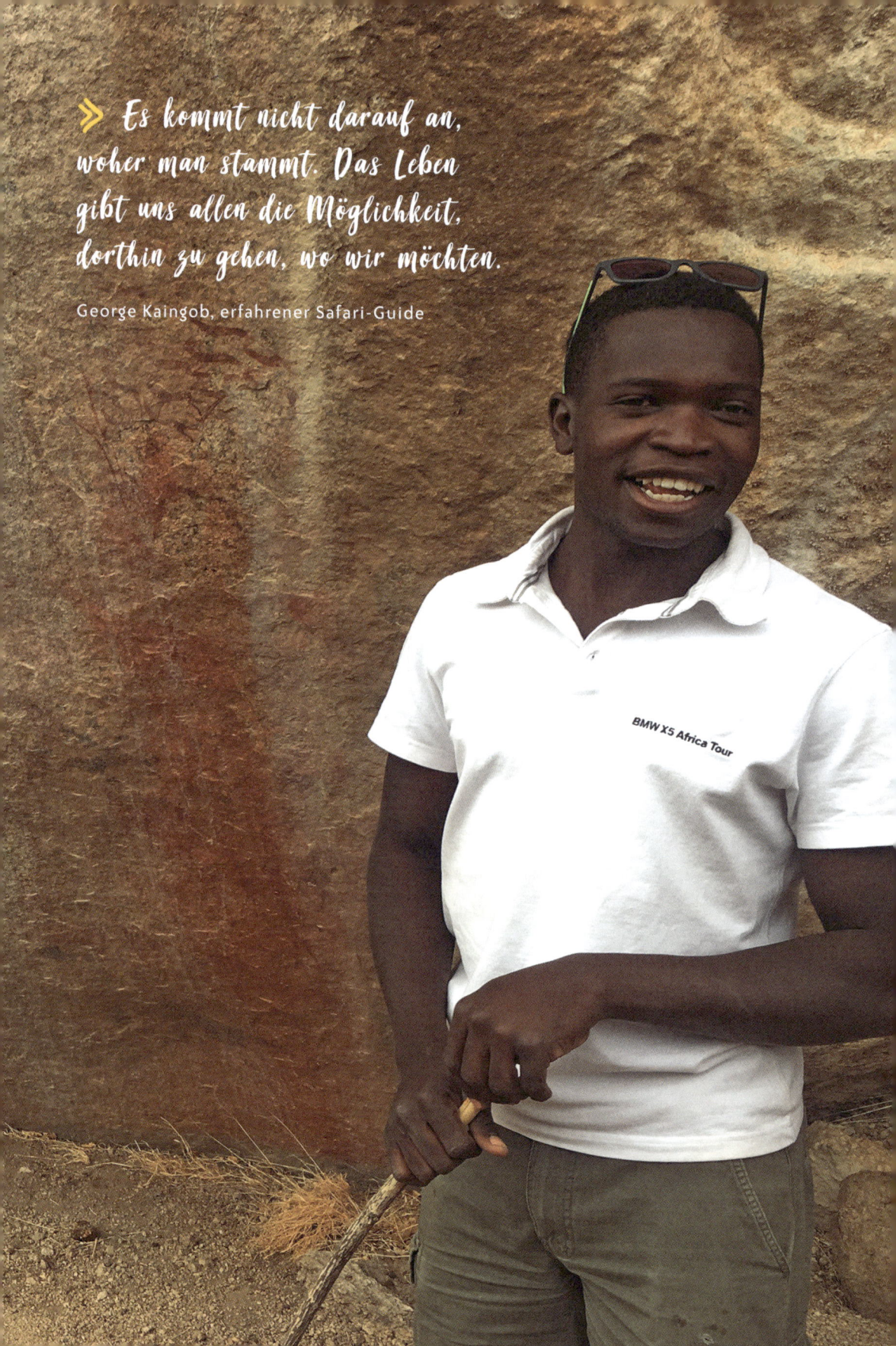

> Es kommt nicht darauf an, woher man stammt. Das Leben gibt uns allen die Möglichkeit, dorthin zu gehen, wo wir möchten.

George Kaingob, erfahrener Safari-Guide

Von Hunger und Stärke

WO GEORGE KAINGOB
VON SEINEM LEBEN ERZÄHLT

Ich wurde von meiner Mutter großgezogen, mein Vater war nicht bei uns, als ich aufwuchs. Aber meine Mutter und älteren Brüder waren für mich da. Es gab Tage, da hatten wir nichts zu essen und auch keine vernünftigen Anziehsachen, aber zumindest ein Dach über unserem Kopf. Meine Mutter tat ihr Möglichstes, um ausreichende Mahlzeiten und frisches Trinkwasser auf den Tisch zu bekommen. Meist hatten wir keinen Strom, also erledigten wir unsere Aufgaben, solange es hell war. Zum Wasserholen mussten wir mehrere hundert Meter laufen, um Brennholz zu finden sogar einige Kilometer. Aber dann konnten wir Feuer machen und kochen, ab und zu auch Wasser erwärmen für ein Bad. Im Winter war es sehr kalt. Unser Haus war nicht sehr groß, sodass ich mir mit meinen Geschwistern ein Zimmer teilen musste. Wir hatten ein breites Bett, in dem wir alle gemeinsam schliefen. Wenn es regnete, tropfte das Wasser durch unser Dach und es wurde unerträglich kalt. Jede zweite Nacht gingen wir hungrig zu Bett.

Unsere Mutter arbeitete mehrere Tage die Woche, aber das Geld reichte meist nicht für mehr als einfaches Maismehl. Wir nennen den daraus gekochten Brei Pap. An guten Tagen hatten wir ein wenig Zucker, den wir zu dem Brei mischen konnten. So aufzuwachsen, war kein Spaß. Ich erinnere mich an einen Abend, an dem meine Mutter uns zu unserem Vater schickte, um nach Essen zu fragen. Meine Schwester weinte, also nahmen wir die Abkürzung durch den Fluss. Aber wir waren barfuß und im Fluss lagen viele Scherben und Dornen. Mutter tat alles, damit wir die Schule schafften. Als ich meinen Abschluss gemacht hatte, sah ich mich nach Arbeit um und bekam einen Job auf der Okapuka Lodge, wo auch mein Vater arbeitete. Ich begann als Wachmann am Eingangstor, aber das war nichts, was ich mein Leben lang machen wollte. Es war so langweilig.

Der sympathische Namibier George ist ein inspirierendes Vorbild dafür, wie man seine Chancen nutzt – auch wenn diese scheinbar gering sind – und mit uneingeschränktem Willen für ein besseres Leben kämpft.

Eines Tages fragte ich den Besitzer der Lodge nach einem anderen Job. Auf der Lodge sind viele Wildtiere, und ich liebe die Arbeit mit Tieren. Ich bekam eine neue Chance und arbeitete schon bald hinter der Bar und als Fahrer für die Mitarbeiter. Bald darauf fragte ich meinen Boss, ob ich einen *game drive*, also eine geführte Safari mitmachen dürfte. Ich wollte sehen, wie es geht, da ich so gern mit Tieren arbeiten wollte.

Wildtiere sind einzigartige Kreaturen, ihre Überlebensstrategie und ihre Anpassungsfähigkeit beeindrucken mich. Mein Boss sagte: »Okay, du kannst morgen mitkommen.« Am nächsten Tag war ich sehr aufgeregt und es wurde wirklich eine interessante Safari. Ich kaufte mir daraufhin einige Bücher über Tiere, Pflanzen und Vögel, und lernte in den Wochen danach alles, was darin stand. Dann sagte ich dem Besitzer von Okapuka, dass ich bereit wäre. Er schickte seinen Sohn mit mir gemeinsam los, der beobachten sollte, wie ich mich anstellte. Ich war sehr nervös, aber der Sohn meinte, ich solle einfach ich selbst sein. Doch das war in diesem Moment sehr schwer.

George und Sonja kennen sich seit vielen Jahren. Heute verbindet die beiden eine enge Freundschaft und George arbeitet regelmäßig als lokaler Co-Host für Sonja.

Wenig später durfte ich selbstständig die ersten *game drives* durchführen – ich war überglücklich und stolz. Ich arbeitete nach wie vor hinter der Bar und traf Menschen aus der ganzen Welt. In dieser Zeit fing ich an, mich für die deutsche Sprache und Kultur zu interessieren. Ich kaufte mir ein Buch »Deutsch in 30 Tagen«, dazu gehörte eine CD, die ich fortan ständig hörte. Wenn sie Zeit hatte, half mir eine gute Freundin mit dem Vokabular und der Grammatik. Sie und die österreichischen Besitzer der Lodge waren sehr hilfsbereit.

Die meisten Gäste, die nach Namibia kommen, sind Deutsche, das war für mich extrem spannend – nun konnte ich mit ihnen in ihrer Sprache sprechen! Nach nur einem Jahr lernte ich einen sehr netten Deutschen kennen, der mich in sein Land einlud, sodass ich meine Sprachkenntnisse verbessern konnte. Ein fremdes Land zu besuchen und eine andere Kultur kennenzulernen war das Beste, das mir je im Leben passiert ist! Als ich nach Namibia zurückkam, beurteilte ich viele Dinge anders – ich hatte nun eine breitere Perspektive und gesehen, wie Dinge in einem anderen Teil der Welt gemacht werden. In Okapuka lernte ich auch das Team der BMW Driving Experience kennen, die von hier aus regelmäßig ihre Kundentouren starteten. Jeder junge Mann liebt BMW. Wieder fragte ich meinen Boss, ob ich sehen dürfte, wie diese Autos in den Bergen und im Gelände fahren würden. Selbst an meinen freien Tagen stand ich ganz früh auf, um mit dem Team die Autos vorzubereiten, sie zu waschen, die Reifen zu wechseln und den Mechanikern mit den Werkzeugen zu helfen – einfach um dabeizusein und zuzupacken, wo immer ich konnte.

Ein paar Monate später durfte ich die erste Tour begleiten – als *helping hand*. Nur zwei Jahre später war ich ein fester Teil des Teams und fortan als lokaler Co-Instructor mit dabei. Ich bin so glücklich darüber und freue mich auf jede Tour.

Wenn ich meine Geschichte neu schreiben sollte, würde ich nichts ändern. Die vielen Herausforderungen haben mich gelehrt, dankbar zu sein und das zu schätzen, was ich habe. Ich habe sehr hart gearbeitet, um dahin zu kommen, wo ich heute bin. Ich bin ein verantwortungsvoller und fleißiger junger Mann und offen dafür, jeden Tag Neues zu lernen.

George Kaingob

>> Eine Safari im Sonnenuntergang
ist reinster Balsam für die Seele.

Von Nashörnern und Hollywood

WO KLAR WIRD:
AUF DEM SOFA ERLEBT MAN NIX!

Unvergessliche Momente erlebt man nicht auf der Couch – dafür muss man schon raus in die Welt. Und raus aus den Federn – am besten frühmorgens! Wir haben uns mit Ingeborg zum Sonnenaufgangs-Ausritt verabredet und wollen in einen Bereich von Okapuka reiten, der bekannt ist als *game camp*. Mit ein wenig Glück bekommen wir sogar Nashörner zu Gesicht, denn vier erwachsene Tiere und ein Baby leben in diesem Gebiet der riesengroßen Farm. Um die wertvollen Tiere vor Wilderern zu schützen, hat Okapuka einen Rund-um-die-Uhr-Bodyguard-Service einge-richtet. Da Wilderei in Namibia leider nach wie vor ein Thema ist, haben die Lodgebesitzer kaum eine andere Wahl, zu unschön wäre ein Verlust der seltenen Tiere. So schneiden viele Besitzer ihnen entweder die majestätischen Hörner ab oder machen es wie die Farmer von Okapuka und entscheiden sich trotz der enormen Kosten für die Variante »persönlicher 24/7 Bodyguard«.

Um die Nashörner bestmöglich fotografieren zu können, steigt Carolyn schweren Herzens nicht mit aufs Pferd, sondern fährt mit Ingeborgs Mitarbeiter »V« im Landi raus in den Busch. Und wirklich: Wir haben großes Glück. Nach nur einer halben Stunde sichten wir das erste Nashorn – und kurz darauf den gesamten Clan. Ruhig grasend stehen diese respekteinflößenden Tiere im morgendlichen Sonnenschein. Doch unterschätzen dürfen wir die vermeintlich so friedliche Idylle in keinem Fall – das könnte äußerst gefährlich sein.

Geparden zählen zu den elegantesten Großkatzen der Welt und die fast ausgestorbenen Säbelantilopen zu den seltensten Antilopenarten. Die rund 10 000 Hektar große Okapuka Ranch beherbergt beide Spezies sowie viele andere Wildtiere, darunter auch elegante Giraffen.

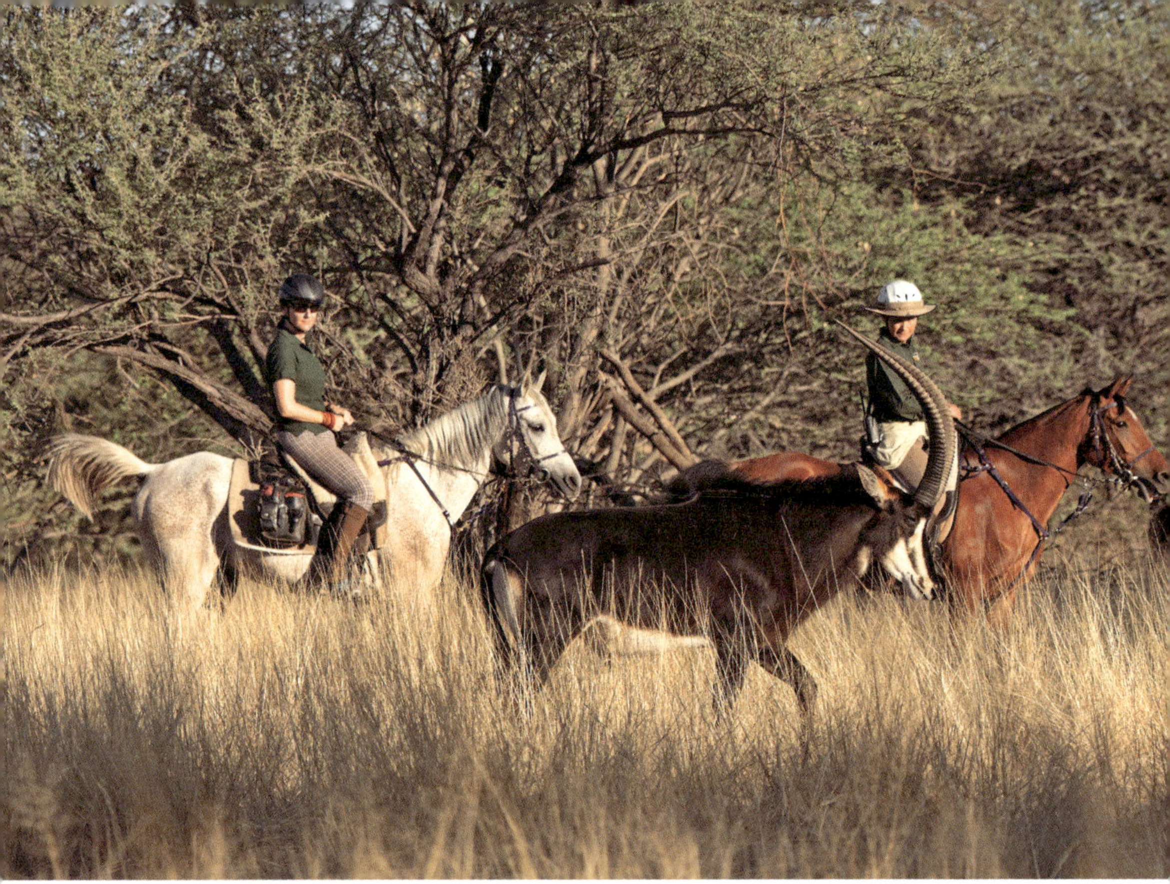
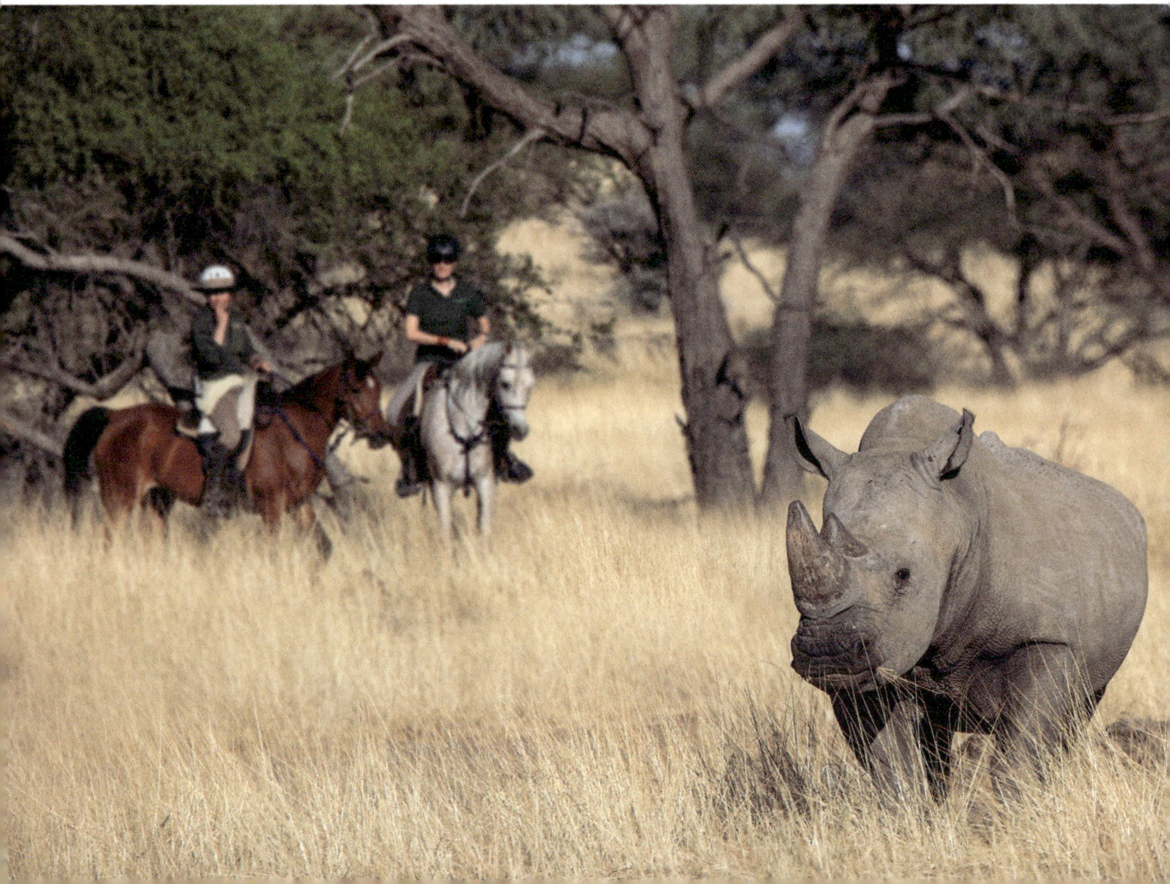

Ingeborg und ich halten auf den Pferden gebührenden Abstand und bleiben in respektvoller Aufmerksamkeit. Ich gebe zu, ich bin ein bisschen nervös und beobachte die Nashörner mit höchster Achtung und der Bereitschaft, sofort abzudrehen. Carolyn und »V« kommen im Fahrzeug ein wenig näher an die Urzeit-Riesen heran. Minuten voller Ehrfurcht, magischer Ruhe und tiefer Dankbarkeit vergehen. Dann geht alles ganz schnell. Ein Geräusch im Busch irritiert die leitende Nashornkuh. Ihr Schwanz schnellt nach oben, mit dem Fuß scharrt sie wütend im Staub. Die Stimmung ist in Bruchteilen einer Sekunde zum Zerreißen angespannt. Ingeborg vermittelt mir in wenigen sehr klaren Worten, jetzt unbedingt ruhig zu bleiben und nicht loszugaloppieren. Und so entfernen wir uns mit rasendem Herzen und unsäglich langsamem Schritt.

Carolyn und »V« bleiben vorerst, wo sie sind. Noch ist alles okay. Doch Mama Nashorn ist wahrlich nicht erfreut. Dann rennt sie plötzlich los. Nicht in die Richtung des Geräusches im Busch, sondern direkt auf Carolyn und »V« zu. Das zweite Weibchen und der Bulle folgen der wütenden Dame – drei ausgewachsene Nashörner nehmen direkten Kurs auf das Auto. Ein kritischer Moment, wenn auch für Carolyn die perfekte Foto-Gelegenheit.

Gleich fünf Nashörner leben auf Okapuka – sich ihnen auf dem Pferderücken zu nähern, gleicht einem Adrenalinstoß mit Gänsehautfaktor.

Von den mächtigen Urzeitriesen verfolgt zu werden, ist durchaus ein kritischer Moment. ▼ ▼

»V« reagiert äußerst souverän und fährt zügig, aber nicht hektisch aus der Situation heraus. Mama Nashorn läuft noch einige Meter schnaubend hinter dem Auto her, doch dann beruhigt sie sich. Carolyn hat den perfekten Schuss im Kasten und strahlt über die einmalige Chance: »Chased by the lady boss! – Von der Chefin gejagt!« Wer hätte gedacht, dass unser zweiter Tag in Namibia bereits kurz nach Sonnenaufgang solch außergewöhnliche Erlebnisse für uns bereithält …

Der Nachmittag beschenkt uns mit einem weiteren Highlight. Noch am Flughafen in München – nur Minuten vor dem Abflug – hatte ich einen Anruf aus Moskau bekommen, von einer mir bis dahin unbekannten Frau namens Anna mit einer Buchungsanfrage als Motivations-Rednerin für die »Global Impact Conference«. Klang sehr interessant. Wann denn dieses virtuelle Event stattfinden würde? Anfang Dezember, die Studioaufzeichnung müsste in den nächsten zwei Wochen im Kasten sein. Oha … ich war grade auf dem Weg nach Namibia. Mit äußerst schlechter WLAN-Verbindung, definitiv keinem Studio-

>> Unvergessliche Momente erlebt man nicht auf dem Sofa – dafür muss man schon raus in die Welt. Und raus aus den Federn!

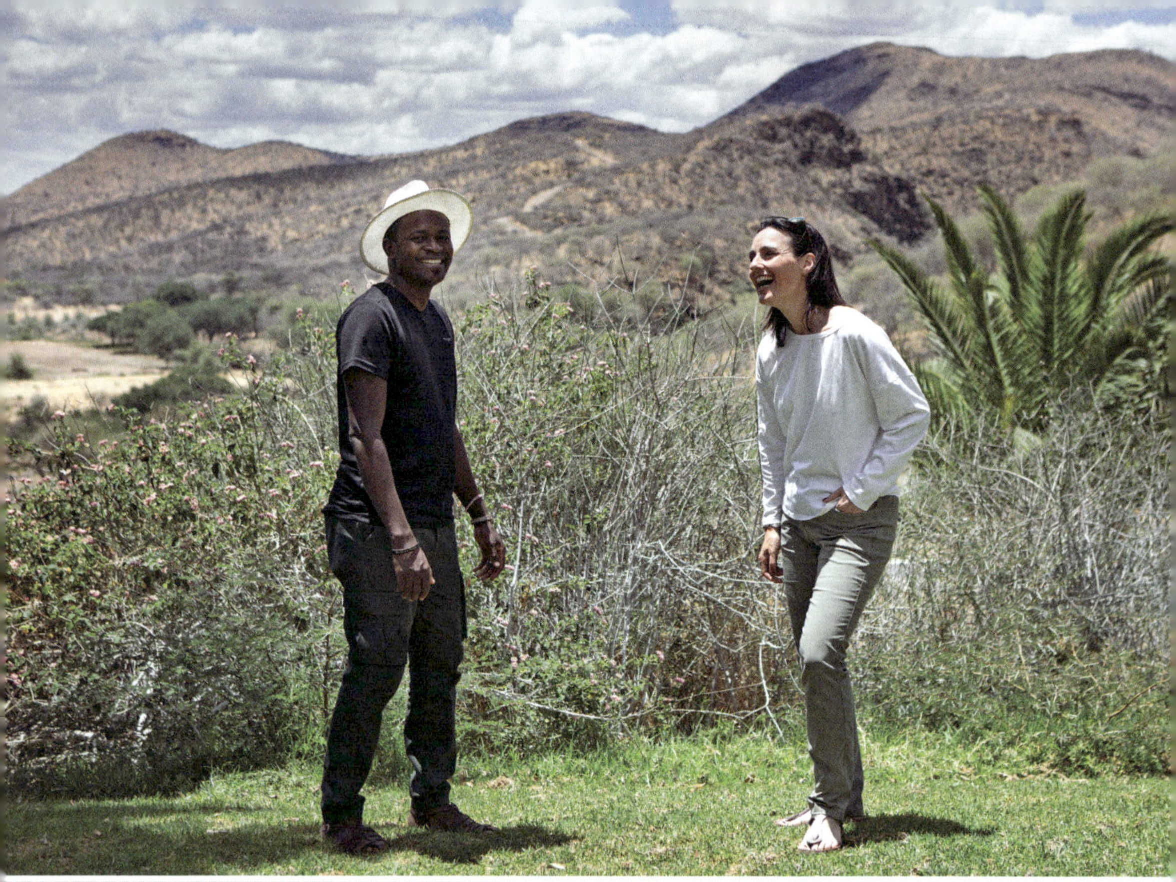

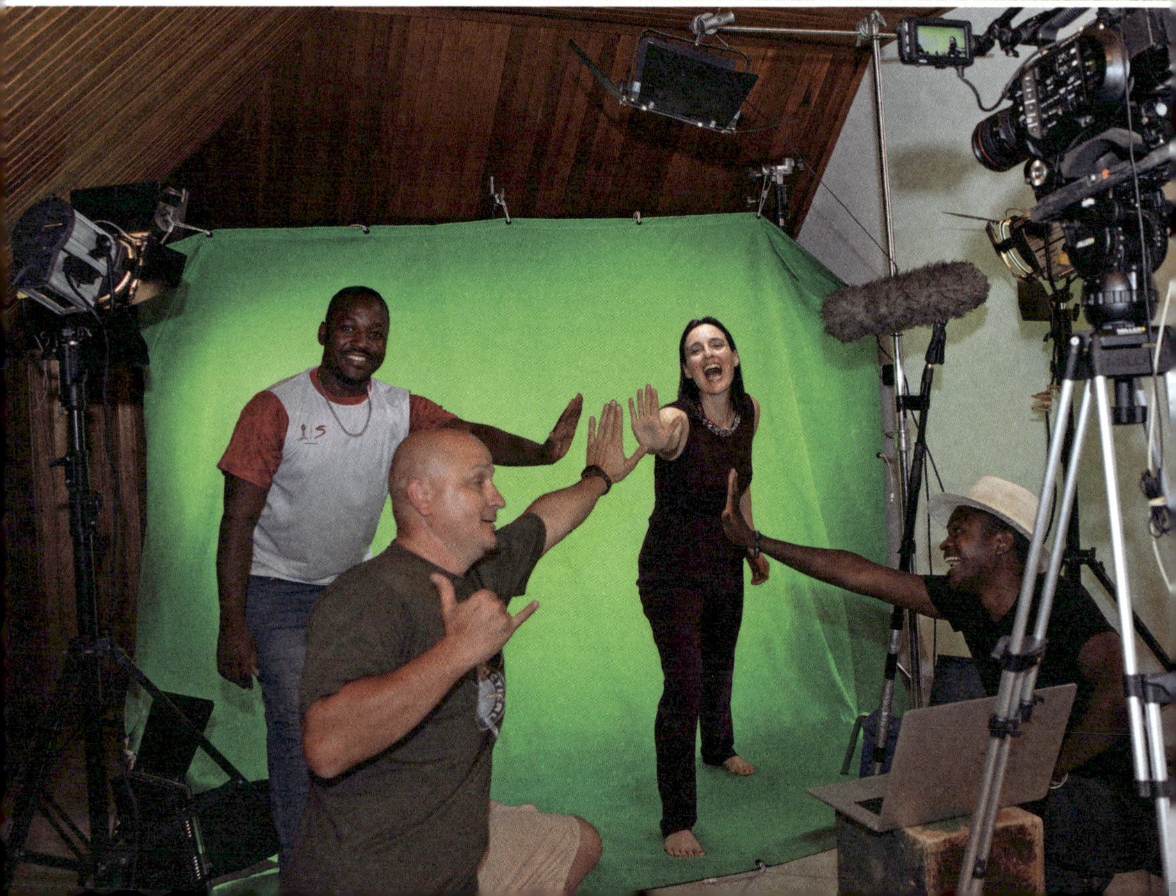

Setup und einem sowieso schon enorm straffen Programm. Wie genau sollten wir das also hinbekommen und diese tolle Chance realisieren? In solchen Situationen hilft eigentlich nur: völlige Transparenz, Offenheit und Flexibilität beim Finden einer Lösung und eine 100-prozentig positive *can do*-Einstellung aller Beteiligten. Anna und ich lachten kurz über diese vertrackte Situation, doch rasch war klar, dass wir genau eine Chance hatten: Ich würde den Flug nutzen, um die Rede vorzubereiten, und Anna würde in der Zwischenzeit irgendwie ein Filmteam in Namibia organisieren, das die Aufzeichnung an eben diesem zweiten Tag in Okapuka vornehmen könnte. Mit diesem Plan verabschiedeten wir uns.

Und in der Tat: Anna schaffte es, nicht nur irgendein Filmteam aufzutreiben, sondern gleich Joel Haikali, Namibias bekanntesten Filmemacher. Und so verbringen wir den zweiten Nachmittag in Namibia damit, in Okapuka ein provisorisches Filmstudio aufzubauen, den faszinierenden Joel kennenzulernen und zwischen einem Hornissenstich des Kameramanns, dem völligen Umbau der Billard Lounge, unzähligen Tonchecks und viel Gelächter meine Rede aufzunehmen. Nicht nur ich bin erstaunt, auf welch professionellem Niveau Filmproduktionen in Namibia bereits stattfinden.

Mit Namibias bekanntestem Filmemacher Joel Haikali in der Okapuka Lodge bei der improvisierten Aufnahme einer Motivationsrede für einen russischen Kunden. Eine herzliche Einladung zu traditionellen namibischen Köstlichkeiten vom Grill.

Wenn so ein Tag eines verdient, dann einen adäquaten Abschluss, so viel ist klar. Und darum freuen wir uns riesig über die Einladung zum traditionellen *Braai* bei Adam und Sheree, zwei engen Freunden von Ingeborg, die in der Nähe von Okapuka leben. Die selbstverständliche Herzlichkeit, mit der wir bei diesem so fröhlichen Grillabend willkommen geheißen werden, ist überwältigend. Ein bereits phänomenaler Tag kommt zu einem Abschluss voller Lachen, Leichtigkeit – und regionalen Leckereien. ▮

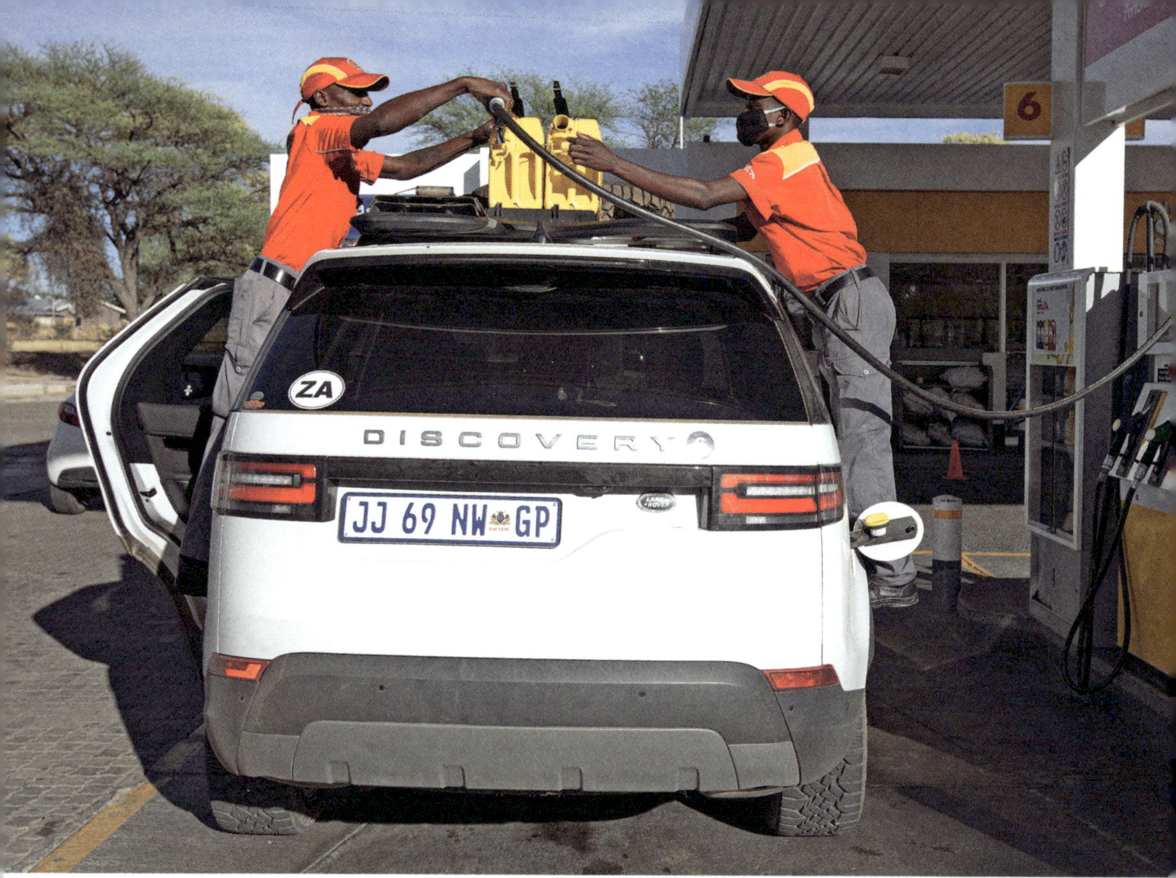
6
ZA
DISCOVERY
JJ 69 NW GP

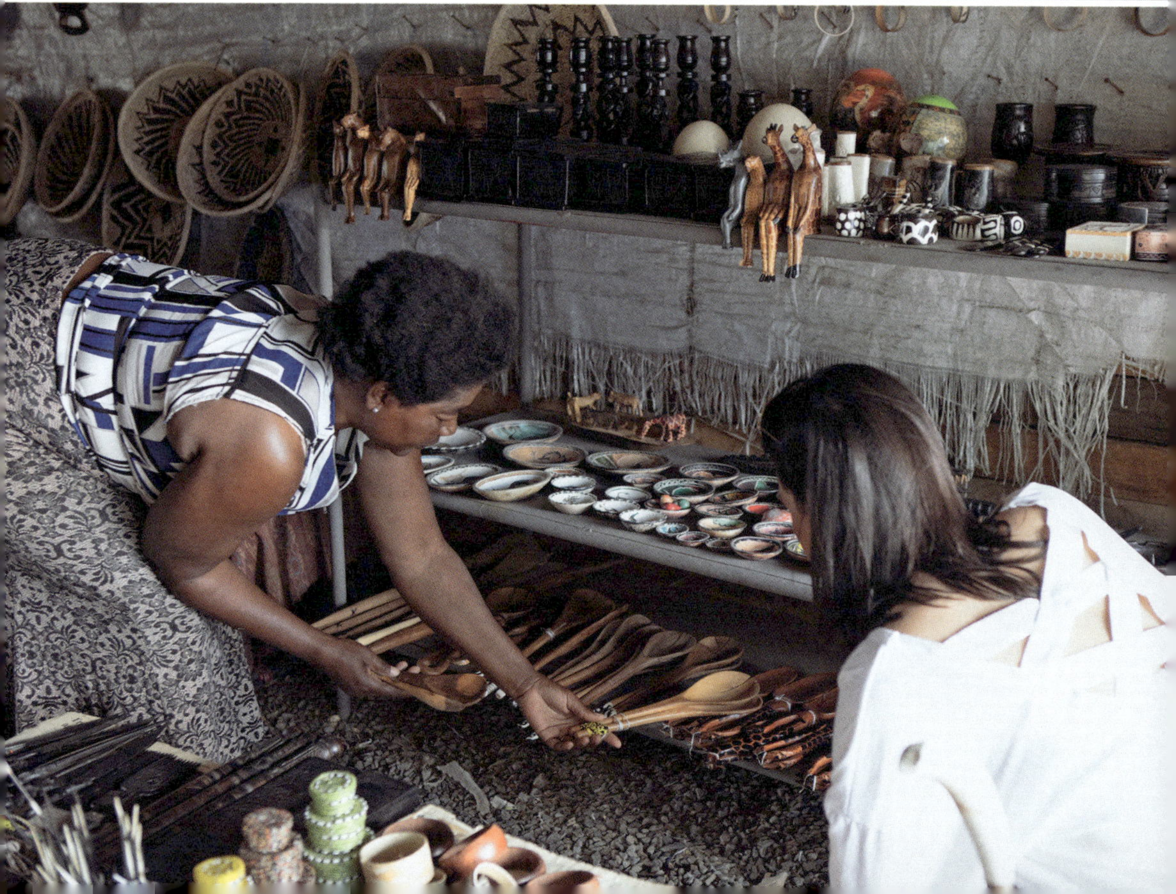

Auf ins »Buschmann-Land«

WO LIEBE AUF
DEN ERSTEN BLICK EXISTIERT

Die beiden ersten Tage auf Okapuka haben uns ein ganz besonderes Ankommen in Namibia beschert, doch jetzt ist es Zeit, auf Tour zu gehen. In den frühen Morgenstunden verlassen wir die Farm am Fuße der Otjihavera-Berge und begeben uns auf die über 500 Kilometer lange Fahrt nach Fiume, einem winzigen Nest inmitten des sogenannten »Buschmann-Landes« östlich der kleinen Stadt Grootfontein.

Um sicher in der endlosen Weite Namibias unterwegs zu sein, füllen wir nicht nur den Tank randvoll, sondern auch die beiden Ersatzkanister auf dem Dach, prüfen erneut den Reifendruck und kaufen genug Wasser und Snacks, um gewappnet zu sein, falls es irgendwo einmal nicht weitergeht. Wobei die Unmengen an Snacks wohl eher fürs Wohlergehen während der Fahrt sind, wenn wir ganz ehrlich sind.

In Okahandja halten wir kurz auf dem Wood Market, Namibias berühmtestem Markt für Kunsthandwerk, Schnitzereien und Souvenirs. Während ich für meine Cousine Inge kleine geschnitzte Holzlöffel erstehe, fotografiert Carolyn eine Himba-Frau mit ihrem bildschönen Kind. Wir sind die einzigen Besucher auf dem sonst so belebten Markt – die Auswirkungen von Corona und der fast völlige Einbruch des Tourismus sind auch hier deutlich zu spüren. Viele hier berichten, seit Wochen nicht ein einziges Stück verkauft zu haben, absolut nichts. Trotz der verzweifelten Situation liegt eine – beschreiben wir sie vielleicht am besten als semi-resignierte – Herzlichkeit in der Luft.

In der schier endlosen Weite Namibias ist es wichtig, gut vorbereitet zu sein. Neben einem Besuch des Wood Market in Okahandja werden demnach auch die Dieselkanister auf dem Dach befüllt. Das nächste Highlight ist der gewaltige Hoba Meteorit, der einst zufällig von einem Farmer beim Pflügen entdeckt wurde.

Seit Stunden sind wir bereits unterwegs. Die heutige Tagesetappe ist lang, dennoch genießen wir die Fahrt. Zumal es recht zügig vorangeht, da wir primär auf Teerstraßen unterwegs sind – ein echter Luxus in Namibia, denn trotz der recht gut ausgebauten Infrastruktur sind noch nicht einmal 20 Prozent der Straßen des riesigen Landes asphaltiert. Irgendwann, nach etlichen Stunden Fahrt, sehe ich das Hinweisschild Richtung Hoba-Meteorit. Zwar bedeutet der Besuch dieses nationalen Denkmals einen Umweg auf unserer sowieso schon langen Fahrt, doch Carolyn und ich sind uns einig: Eine kleine Pause am größten je auf Erden gefundenen Meteoriten tut uns bestimmt gut. 50 bis 60 Tonnen wiegt der imposante Eisengigant, dessen Alter auf 190 bis 410 Millionen Jahre geschätzt wird und der vor rund 80 000 Jahren auf der Erde einschlug. Kaum vorstellbar, und doch liegt er hier so real vor uns.

In Grootfontein beschließen wir, dass es endlich Zeit wäre für ein warmes Essen, doch außer einem Fastfood-Restaurant finden wir nichts. Na gut, dann eben frittierte Hühnerbeine und Pommes, besser als noch eine weitere Tüte Chips. Während wir an der Theke des »Hungry Lion« unsere Bestellung aufgeben, nähert sich ein kleiner, sehr

arm wirkender Junge. Er hat Hunger, das ist ihm gleich anzusehen. Doch er ist in seiner Annäherung sehr vorsichtig, ja fast schon scheu.

Wir möchten nichts falsch machen und fragen die Mitarbeiterin hinter der Theke, ob es okay sei, ihm etwas zu essen zu kaufen. Nachdem sie das mit einem klaren Kopfnicken bejaht hat, bitten wir ihn, näher zu kommen. Doch er traut sich nicht so recht. Begleitet von der Verkäuferin, die seine Sprache spricht, kommt er schließlich zum Tresen. Was er denn bestellen möge? Vor ihm locken die Werbetafeln mit leckeren, großen Menüs. »Ein Hühnerbein mit kleinen Pommes«, erwidert er mit leiser Stimme. Mehr nicht. Wir sind gerührt von seiner Bescheidenheit. Alles, wirklich alles hätten wir erwartet, aber nicht so eine Genügsamkeit von einem hungrigen Kind. Wir lächeln ihn an und sagen unserer »Dolmetscherin«, dass sie bitte nicht eins, sondern drei Hühnerbeine, eine große Portion Pommes Frites und eine Literflasche Cola für ihn bereitmachen soll. Er strahlt übers ganze Gesicht, als sie das für ihn übersetzt.

Sowohl die traditionell gekleidete Himba-Mutter mit ihrem Kind als auch der Nachwuchs des »Meteoriten-Wärters« freuen sich besonders während der Corona-Pandemie über jeden Besucher.

Es ist uns bewusst, das dies nur ein Tropfen
auf den heißen Stein ist. Dennoch sind wir
einfach glücklich, diesem bezaubernden kleinen Jungen an diesem Tag mit einer winzigen
Geste eine so große Freude bereiten zu können. Und so ist die Freude auf unserer Seite
vermutlich mindestens genauso groß. Das ist
das Schöne am Geben – wer von Herzen gibt,
bekommt unendlich viel zurück.

Unser Ziel für die Nacht ist das Fiume
Bush Camp, eine in ihrer Einfachheit recht
reizvolle Unterkunft am gefühlt hintersten
Ende der Zivilisation. In Fiume geht es nicht
um Schnelligkeit, WLAN oder irgendeinen
Luxus. Hier geht es um das Erleben des
Busches, das Zusammentreffen mit den lokal
ansässigen San, um absolute Ruhe, Freiheit
und das Herunterkommen vom Stress der
modernen Welt.

Beim Hoba-Meteoriten wird Kommunikation groß geschrieben.
Es regnet nicht oft in Namibia, doch ab
und an zeigen die Wettergötter in der
»Regenzeit« ihre geballte Macht in Form
spektakulärer Wolkenformationen und
beeindruckender Platzregen.

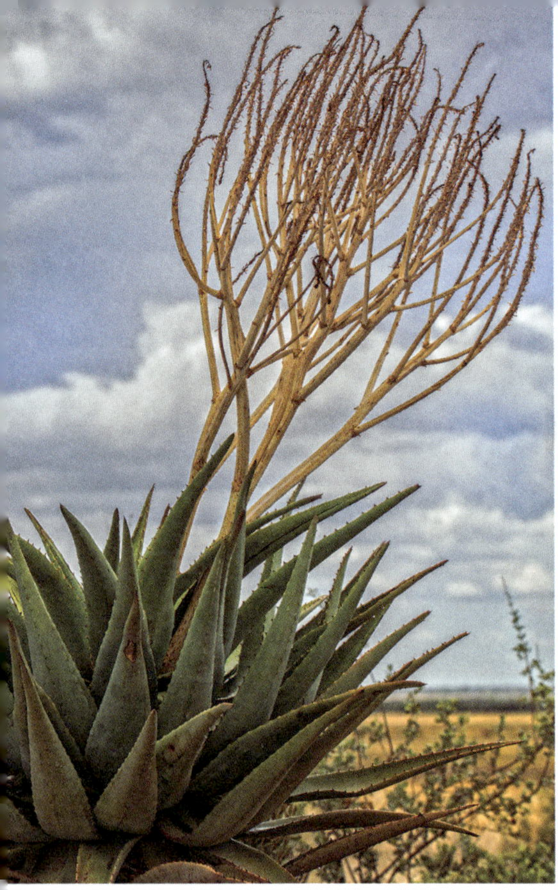

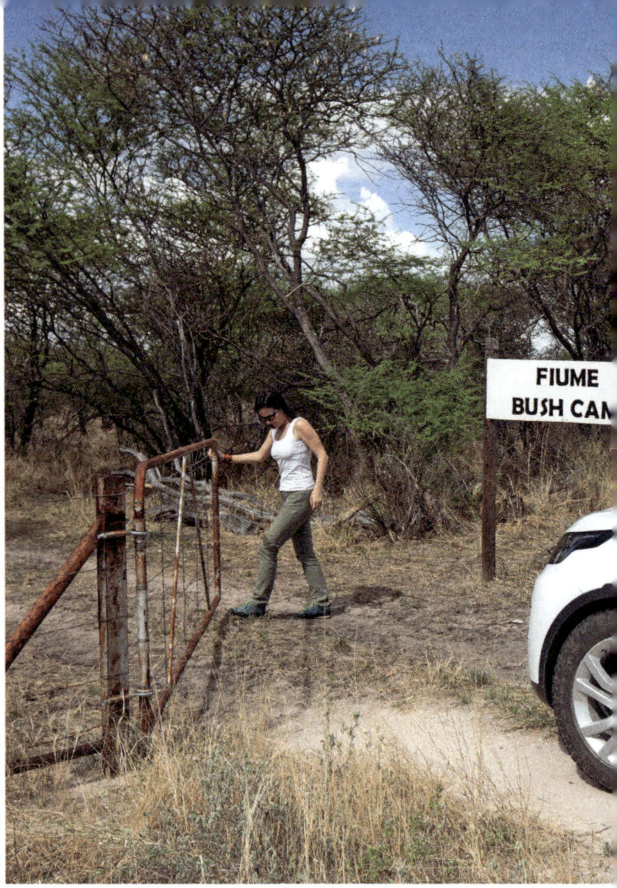
FIUME

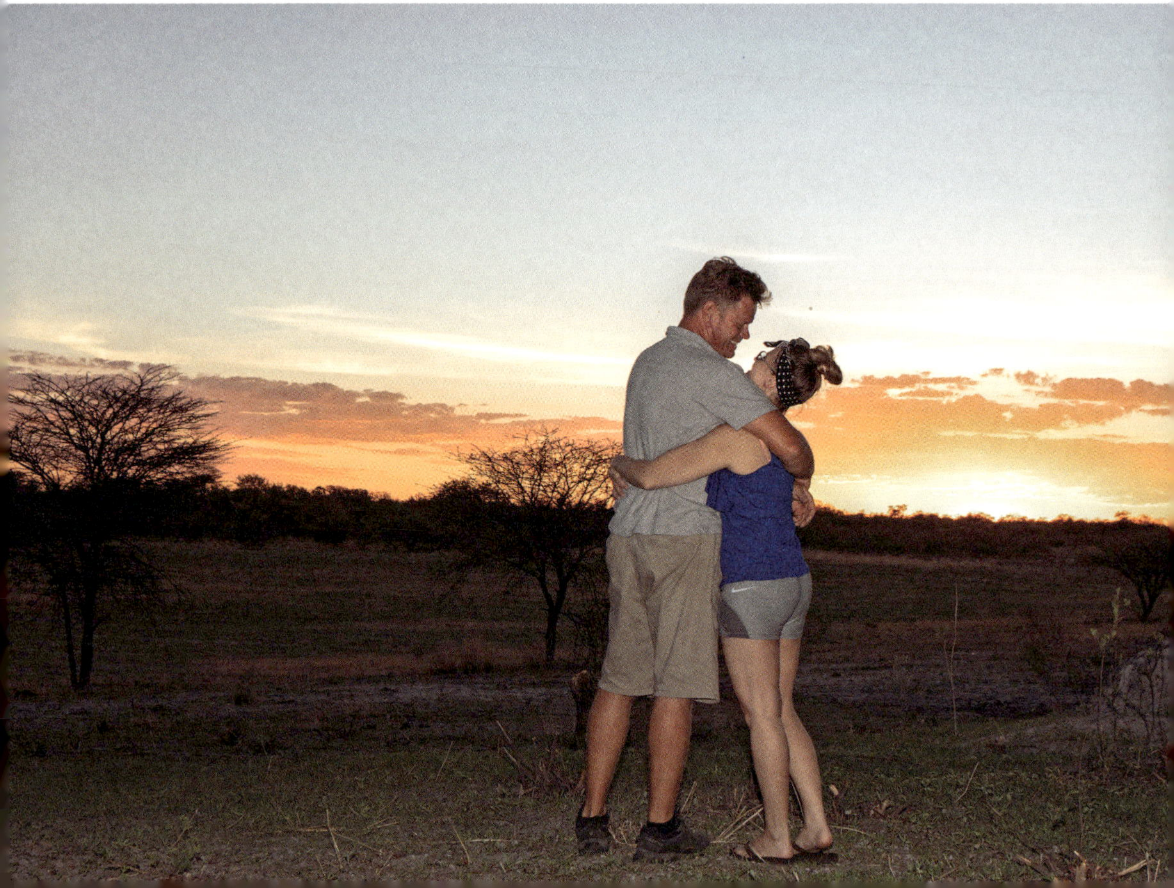

Auch hier sind wir die einzigen Gäste – das Coronavirus fordert selbst in den entlegensten Winkeln der Erde seinen Tribut. Doch Jörn, der deutschstämmige Eigentümer der 10 000 Hektar großen Farm, lässt sich nicht kleinkriegen von der globalen Pandemie. Er hat in diesem so turbulenten Jahr umgesattelt auf Brennholzproduktion aus dem riesigen, wild wuchernden Busch. 50 Männer arbeiten jetzt für ihn. Ob es genug Holz im Busch gebe, wollen wir wissen. Auf diese Frage lacht Jörn nur, der Busch wäre so voll von Holz, das reiche für eine halbe Ewigkeit.

Jörn ist ein außergewöhnlicher Mann. Der Namibier deutscher Herkunft ist auf der Fiume Farm aufgewachsen und spricht von Kindheit an fließend die für uns so fremdartige Klicksprache der San. »Ich bin mit den Buschmännern – wie wir sie damals noch bezeichnet haben – groß geworden. Mit fünf Jahren sprach ich genauso gut Deutsch wie Buschman«, erzählt uns der gelassene junge Farmer, als wäre es das normalste der Welt. Noch heute habe er eine sehr enge und freundschaftliche Beziehung zu dem Volk der San. Gerade der Stamm, mit dem wir den kommenden Tag verbringen werden, liegt ihm sehr nahe, das spüren wir sofort. Besonders als er uns den Medizinmann vorstellt, einen unglaublich faszinierenden Mann – aber dazu später mehr. Kurz vor dem

So unglaubwürdig wie wahr: Der deutschstämmige Farmer Jörn und seine polnische Frau Oliwia haben sich über die deutsche TV-Dating Show »Bauer sucht Frau – international« kennengelernt.

Abendessen lernen wir noch Oliwia kennen, Jörns polnische Frau, die uns in ganz leichtem Akzent mit einem herzlichen »Willkommen in Fiume« begrüßt. Wie kommt eine deutschsprachige Polin zu einem deutschstämmigen Bauern am Ende der Welt? Wie? Die Antwort überrascht uns nicht schlecht. Amor war im Fall der beiden kein anderer als die erfolgreiche deutsche TV-Kuppelshow »Bauer sucht Frau«. Jörn bewarb sich vor knapp drei Jahren bei dem Format – wohl wissend, dass ihm die Ersehnte wohl kaum in der Weite des struppigen afrikanischen Busches über den Weg laufen würde. Er nahm sein »Bewerbungsvideo« auf, und das wurde im Rahmen der internationalen Sondersendung ausgestrahlt. Und dann hieß es warten, bis die ersten Bewerberinnen sich meldeten und der Sender die gesammelten Liebesbriefe und Fotos per E-Mail auf die Reise nach Namibia sandte. Richtig aufgeregt war Jörn, als die erste E-Mail eintraf.

Doch Stunde um Stunde wurde die Aufregung weniger, denn bei der erbärmlich langsamen Internetverbindung in Fiume dauerte es schier eine Unendlichkeit, ein Bild nach dem anderen herunterzuladen. Bei Kandidatin Nummer sechs von sieben war Jörn kurz davor aufzugeben. Zu frustrierend war der Prozess und zu wenig ansprechend waren die Einsendungen. Die Antwort an den Sender war schon fast fertig formuliert. Dann traf das letzte Bild ein. Jörn öffnete es und wusste sofort: »Die ist es, die und keine andere.« Und genau so sollte es sein. Kaum zweieinhalb Jahre später sind die beiden glücklich verheiratet und Oliwia lebt mit Jörn auf der entlegenen Farm im Nordosten Namibias. ▮

Der Spirit der San

WO ZUFRIEDENHEIT VON INNEN KOMMT

Wie im Busch üblich, stehen wir mit den ersten Sonnenstrahlen auf. Ein aufregender Tag mit dem Volk der San erwartet uns. Seit Langem bin ich fasziniert von den »Buschmännern« – wie sie jahrzehntelang genannt wurden. Heute spricht man eher von den San oder den Koi San, wobei sie selber lachend zugeben, dass auch »Bushman« durchaus okay sei. Aber wir wollen politisch korrekt sein und bleiben daher ab jetzt bei der Bezeichnung San. Bekannt wurde dieses außergewöhnliche Volk vor allem durch den großen Filmerfolg »Die Götter müssen verrückt sein«. Bis heute gelten die San als eines der »alten Völker«, und ihre – zumindest noch in einigen Bereichen – ursprüngliche Lebensweise als Jäger und Sammler fasziniert Menschen aus der ganzen Welt.

N!ani, der so herzliche Medizinmann, dessen Bekanntschaft wir bereits gestern machen durften, freut sich sichtlich über unseren Besuch und lädt uns bereits kurz nach unserer Ankunft im Dorf ein, mit ihm und seinen Leuten auf *bush walk* zu gehen. Er möchte uns den Spirit der San vermitteln, und so beginnt ein mehr als dreistündiger Marsch durch den trockenen, heißen und so harschen Busch, wobei wir tiefe Einblicke in die Kultur und die Traditionen der San erhalten und vieles lernen über das Leben und Überleben im Busch. Während wir in der Hitze immer wieder gierig zu unseren Wasserflaschen greifen, trinkt keiner der San bei der gesamten Wanderung auch nur einen Schluck. »Wir brauchen nicht viel. Manchmal trinken wir ein Glas Wasser und dann mehrere Tage gar nichts mehr. Im Busch essen wir allerdings wasserhaltige Knollen wie die Bush Potato (Busch-Kartoffel), die Bitter Water Root (Bittere Wasserwurzel) oder die Sweet Water Root (Süße Wasserwurzel), die löschen den Durst und stillen den Hunger zugleich.« Um uns zu zeigen, wie gut diese Knollen schmecken, bleibt N!ani an einem unspektakulären, kleinen und ausgedörrt wirkenden Pflänzchen stehen. Er kniet sich nieder und beginnt zu graben. Innerhalb kürzester Zeit hält er eine dicke Wurzelknolle in der Hand, schabt mit seinem einfachen Messer die trockene Erde ab, schneidet eine Scheibe herunter und bietet sie uns voller Stolz zum Probieren an. Sie schmeckt wie frischer Rettich, erstaunlich saftig und knackig frisch. Davon nehmen wir gern noch ein Stück.

Die San gehören zu den ältesten Stammesgruppen im südlichen Afrika. Das friedfertige Volk ist für seinen traditionellen (wenn auch inzwischen bedrohten) Lebensstil als Jäger und Sammler bekannt.

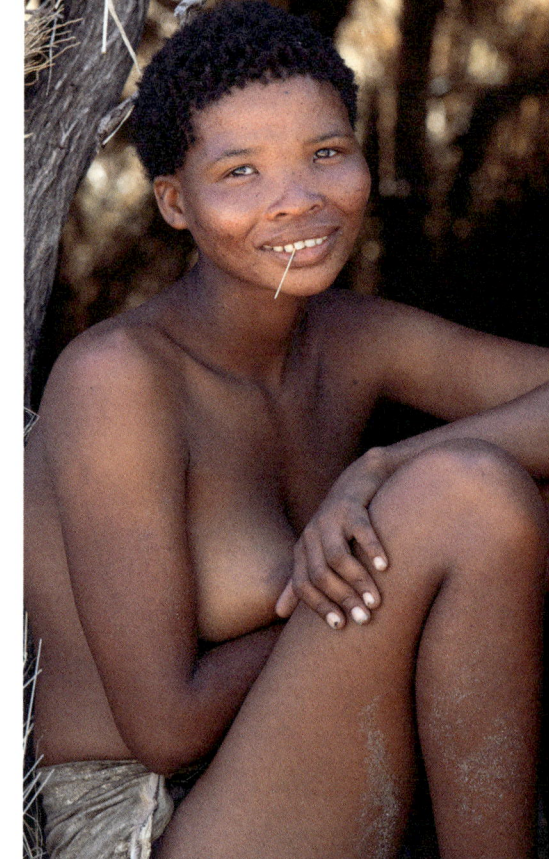

Erstaunlicherweise gelingt es dem geschickten N!ani, uns in den meisten Situationen in seiner Stammessprache zu erklären, worum es genau geht. Der Übersetzer muss uns eigentlich nur noch bestätigen, dass wir den Medizinmann auch wirklich richtig verstanden haben. Die Sprache der San ist nicht nur voller Klicklaute, sondern auch extrem bildlich und mit ausreichend Gestik und Mimik durchsetzt, sodass wir die Jagdszenen, die er beschreibt, oder die Heilwirkung bestimmter Pflanzen förmlich vor unserem inneren Auge sehen. Eine wirklich interessante Kommunikation mit einem Menschen einer so fremden Kultur. Kein Wunder, dass N!ani als Medizinmann in seiner Gemeinschaft solch hohes Ansehen genießt – er ist ein sehr weiser und außergewöhnlicher Mann.

So romantisch seine Schilderung vom Leben im Busch auch klingen mag – mit Jagen und Sammeln und allem, was dazugehört –, so scheint es doch in der heutigen Zeit kaum noch umsetzbar. In der Tat leben die San seit der offiziellen Gründung Namibias im Jahr 1990 in einer anderen, für sie nach wie vor neuen Welt. Die alten Zeiten der langen Wanderschaft und grenzenlosen Freiheit sind durch den geregelten Landbesitz nicht mehr so möglich wie einst.

Für die San ist Gastfreundschaft sehr wichtig und Besucher sind in der Regel herzlich willkommen. Schon die Kinder lernen, mit einem kleinen Stück Holz, einem Stöckchen und ein wenig trockenem Gras Feuer zu machen – eine elementar wichtige Fertigkeit im Busch.

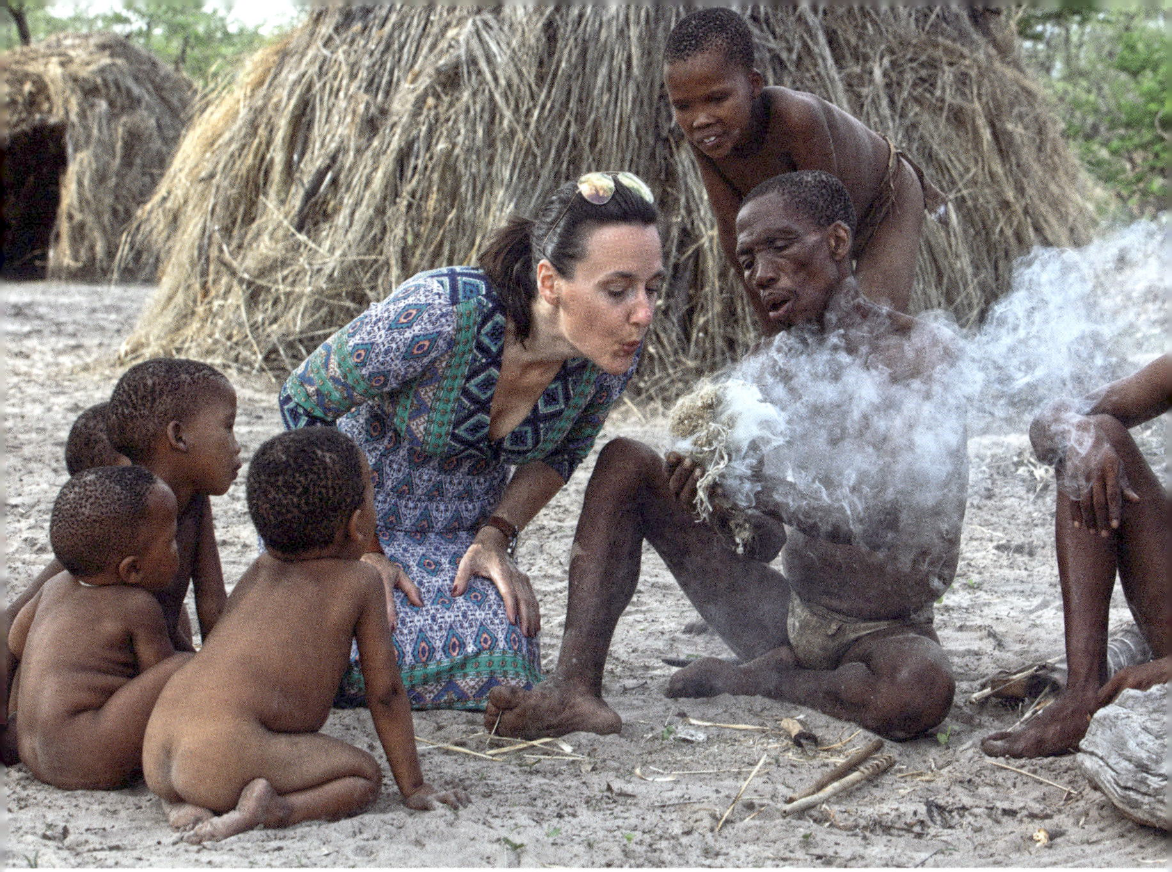

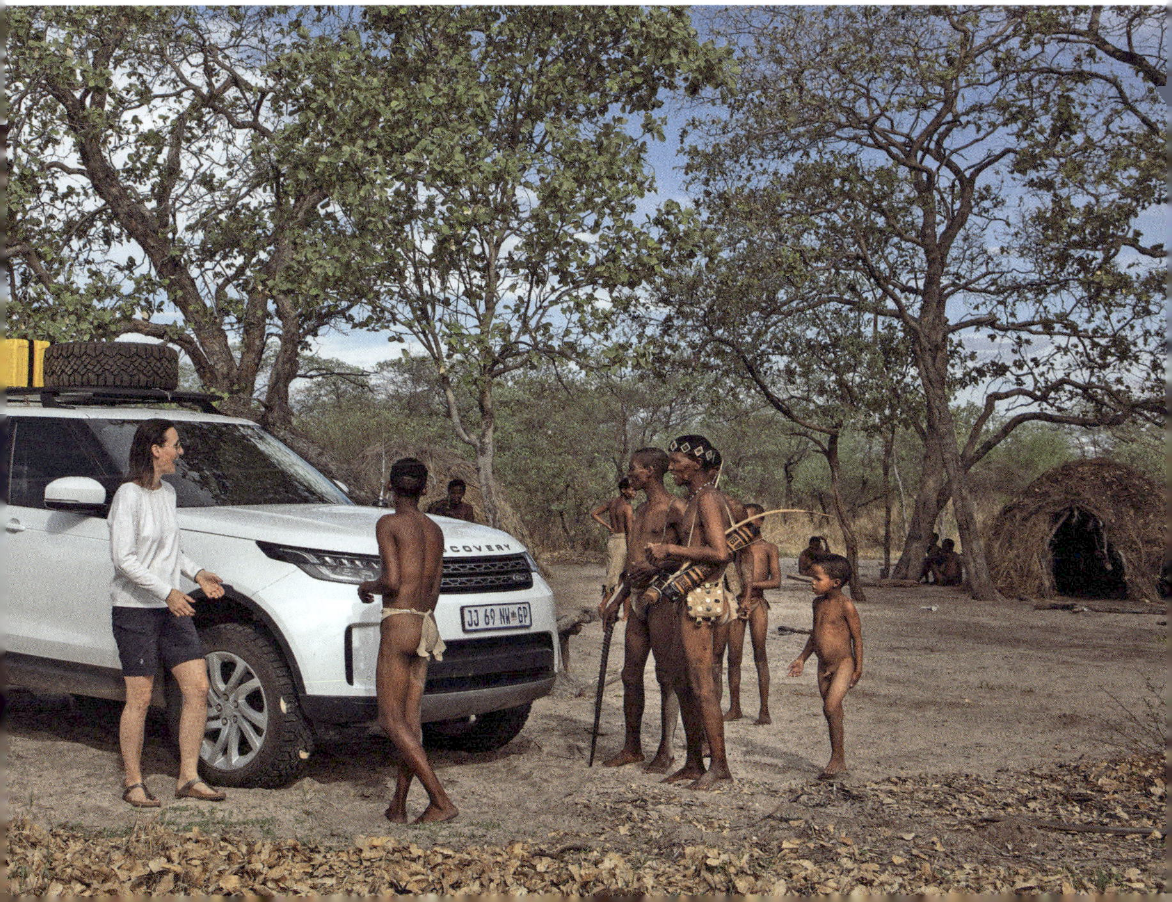
JJ 69 NW GP

Die Bezeichnung San stammt aus der Sprache der Nama und bedeutet so viel wie: die, die etwas vom Boden auflesen. In der Tat sind die San wahre Meister darin, die für das Überleben im Busch so wichtigen wasserhaltigen und äußerst wohlschmeckenden Wurzeln zu finden. Dank dieser Wurzeln, deren Geschmack unserem Rettich ähnelt, kommen die San oft tagelang ohne Wasser aus. Auch die von den Stammesfrauen gesammelten trockenen »Busch-Rosinen« sind erstaunlich schmackhaft.

auf Kreditkarten, Smartphones und dem letzten Modeschrei. Gerade deshalb bereite es ihnen so viel Freude, Besuchern wie uns die alte Lebensweise zu zeigen, so wird uns erklärt. Uns jenes Leben näherzubringen, das in ihren Herzen und den Geschichten am Lagerfeuer noch so lebendig ist. Zwar haben sie keinerlei Einfluss darauf, wie sich die Welt um sie herum verändere. Doch es liege laut N!ani an niemand anderem als ihnen selbst, dennoch zufrieden und glücklich zu sein. »Wir wachen eigentlich immer zufrieden auf. Am glücklichsten sind wir, wenn wir Männer zum Jagen und die Frauen zum Sammeln in den Busch gehen können. Deswegen ist heute ein guter Tag – wir sind mit euch im Busch.«

Wie alt dieser inspirierende Medizinmann wohl ist? Das Konzept der Zeit ist im Volk der San deutlich anders definiert als bei uns, und genaue Zeitangaben sind schlichtweg irrelevant. Mittags spricht man maximal vom »Stand der Sonne ohne Schatten« und weiß damit, dass es Zeit fürs Essen ist. Und von seiner Geburt erfuhr N!ani lediglich, dass er in der Regenzeit unter dem großen Amarulabaum das Licht der Welt erblickt haben soll.

Heute lebt dieses ehemals hundertprozentig nomadische Volk einen semi-modernen Lebensstil: in Dörfern, zum Teil gemeinsam mit anderen Stämmen, in einfachen Häusern oder Hütten und oft arbeitslos. Was bei dem kurzen Kennenlernen am Vorabend schon angesichts der zerschlissenen westlichen Kleidung deutlich erkennbar war, ist die Armut, der sie im »modernen« Leben ausgesetzt sind. Sie steht im drastischen Gegensatz zu der beeindruckenden Eleganz, der Souveränität und dem tiefen Wissen der Menschen sowie zum unbeschreiblichen Reichtum des Lebens im Busch – auch wenn dieser auf ganz anderen Werten beruht als

Kinder sind ein elementarer Bestandteil der San-Kultur. Liebevoll werden die Kleinen von den Stammesmitgliedern in den Tagesablauf integriert. Streit scheint für die Kinder dieses so friedlichen Volkes ein völliges Fremdwort zu sein.

> » Die San wachen jeden Tag zufrieden auf. Natürlich verändert sich die Welt um uns herum, aber das ist kein Grund, unzufrieden zu sein.

N!ani, Medizinmann

Zurück im Dorf zeigen uns die Frauen, wie sie aus wenigen, in der Natur verfügbaren Materialien, wie den Schalen von Straußeneiern und verschiedenfarbigen Samen, mit einfachsten Werkzeugen wunderschönen Schmuck herstellen. Den tragen sowohl sie selbst als auch die Männer mit allergrößtem Stolz. Außerdem dürfen wir gemeinsam mit ihnen und den fröhlichen Kindern eine

Die faszinierende Klicksprache der San gehört zur Familie der Khoisan-Sprachen und ist vor allem im südlichen Afrika verbreitet.
Beim Bau einer Hütte gibt es viele Regeln zu beachten – nicht zuletzt, um den »Teufel« davon abzuhalten, nachts Kinder zu klauen.

Hütte bauen und lernen, wie wichtig die Auswahl des richtigen Grases und die korrekte Technik für den erfolgreichen Hüttenbau sind. Auch ist von enormer Wichtigkeit, wie weit die Stützbalken der Hütte voneinander entfernt stehen. Stehen sie nämlich zu eng aneinander, wird es stickig im Inneren. Zu weit voneinander entfernt ist allerdings noch gefährlicher, denn dann hat der »Teufel« leichtes Spiel und kann sich durch die großen Ritzen nach Belieben schlafende Kinder aus der Hütte ziehen.

Nach vielen Stunden des Lernens und Staunens neigt sich unser gemeinsamer Tag mit den San langsam dem Ende zu. Doch noch ist es nicht Zeit, nach Hause zu gehen: Die freundlichen Leute im Dorf haben uns eingeladen, gemeinsam mit ihnen am Lagerfeuer zu sitzen, zu singen, zu tanzen und den alten Ritualen beizuwohnen, die noch heute ein integraler Bestandteil ihrer Kultur sind.

Und so sehen wir aus nächster Nähe den berühmten Elefantentanz, wiegen uns zu den ergreifenden Liedern dieser uralten Kultur und staunen nicht schlecht, als der zweite Medizinmann sich zu dem lauten Gesang und Geklatsche seiner Stammesgenossen in eine tiefe Trance begibt. Als wir Stunden später in unseren Betten liegen, ist eines klar: Diesen Tag und die Begegnung mit den San vergessen wir nie. In seiner einfachen und gleichzeitig so bildlichen Sprache würde N!ani dies wie folgt ausdrücken: ein riesiges Lächeln, verbunden mit dem Daumen nach oben und einem herz-lichen »Khaga«, ausgesprochen »Gadschaa« – ein Ausdruck, der großzügig für alles Positive und Gute verwendet wird. ▪

Mit einfachem, selbstgebauten Equipment, aber umso mehr Erfahrung und Geduld zählen die San seit Jahrhunderten zu den geschicktesten Jägern im Busch. Die Männer arbeiten dabei immer im Team.

Am Lagerfeuer singen und tanzen die San den traditionellen Elefantentanz, der Medizinmann wiegt sich langsam in Trance. ▼ ▼

» Man braucht keine gemeinsame Sprache,
um einander zu verstehen.
Empathie, Mimik und Gestik sagen mehr
als tausend Worte.

Am Ende des Horizonts

WO MÖGLICHKEITEN
GRENZENLOS SIND

Es heißt Abschied nehmen von Fiume, von unseren neuen Freunden aus dem Stamme der San, und einzutauchen in eine komplett andere Welt. Nach nur wenigen Stunden Fahrt stehen wir vor den Toren des gewaltigen Etosha-Nationalparks. Wir betreten den knapp 23 000 Quadratkilometer großen Wildpark über das Von Lindequist Gate bei Namutoni – den östlichen der vier öffentlichen Zugänge zu diesem bedeutendsten Schutzgebiet des Landes. Der Nationalpark wurde 1907 zum Wildschutzgebiet erklärt und zählt bis heute zu den weltweit besten Orten zur Wildbeobachtung – ein echtes Safariparadies.

Meist verbringen Besucher mehrere Tage in dem riesigen Areal, und auch wir könnten problemlos eine Woche hierbleiben, so abwechslungsreich ist jede einzelne Stunde. Doch leider haben wir nur drei Tage Zeit.

Gefahren wird im Park generell im eigenen Auto auf den (halbwegs) gut ausgebauten Schotterstraßen oder im Safari-Fahrzeug im Rahmen einer geführten Tour.

Das strikte Tempolimit im gesamten Areal liegt bei 60 Stundenkilometern – wir unterbieten dies und schaffen es nach drei Tagen auf genau 42 Stundenkilometer. Ein deutliches Indiz dafür, wie viele Tiere wir in dieser Jahreszeit auch außerhalb der Wasserlöcher, quasi »am Straßenrand«, zu Gesicht bekommen. Auch an den – meist natürlichen – Wasserstellen haben Carolyn und ich enorm viel Glück. Natürlich ist nicht an jeder etwas los, aber bereits an der ersten, dem Chudob Waterhole, verzeichnen wir mit sage und schreibe 24 Giraffen und einer Herde Zebras einen fulminanten Erfolg.

Etosha bedeutet »großer weißer Platz« – eine äußerst stimmige Bezeichnung für die trockene Ebene, die sich bis weit über den Horizont hinaus erstreckt. Der stolze Sekretärsvogel (rechts) erlegt seine Beute meist mit Fußtritten.

Übernachten wollen wir heute im Halali
Camp, einer der sechs Unterkünfte inmitten
des Parks. Sie alle sind staatlich geführt und
von sehr unterschiedlichem Niveau. Halali ist
leider alles andere als schön, aber schließlich sind wir nicht wegen des Camps hier:
Es ist die einzige Unterkunft in der Nähe der
berühmten Etosha-Pfanne. Wenn wir also
das unvergessliche Ereignis des Sonnenuntergangs in der Pfanne erleben und trotzdem
rechtzeitig zum Einbruch der Dunkelheit zurück im Camp sein wollen – was keine Option
ist, sondern eine strikte Regel –, dann bleibt
eben nur diese eher schlichte Unterkunft.

Den leuchtenden Sonnenuntergang in
der schier unendlichen Weite der Etosha-
Pfanne erleben zu dürfen, hat etwas
Magisches und inspiriert dazu, tief über
sich selbst, das eigene Leben und dessen
Möglichkeiten nachzudenken.

Bis zu 1600 Kilogramm schwer und rund
6 Meter groß werden Giraffen, zum Trinken gehen die eleganten Riesen vorsichtig in die Knie. ▼ ▼

>> Die Weite des Horizonts lässt uns der unendlichen Möglichkeiten gewahr werden, die das Leben zu bieten hat.

Etosha bedeutet in der Oshiwambo-Stammessprache »großer weißer Platz«, und genau das ist die Etosha-Pfanne auch, ein großer weißer Platz, nach dem der gesamte Nationalpark benannt ist. Mit einer Länge von 110 und einer maximalen Breite von 60 Kilometern ist die 4731 Quadratkilometer große Salzpfanne ein gewaltiges, betörendes und schier endloses Nichts in Weiß. Der helle Lehmboden

dort ist meist völlig ausgedörrt, dennoch ist er an vielen Stellen erstaunlich weich. Fast meint man, über die unendliche, flache Pfanne hinweg am Horizont mit bloßem Auge die Krümmung der Erde erkennen zu können.

Die immense Weite und scheinbare Endlosigkeit dieses besonderen Ortes ist von tiefer Magie und nachhaltiger Inspiration. Wie unbedeutend erscheinen doch manche alltäglichen Probleme in Anbetracht dieses gewaltigen Naturschauspiels. Wie sehr treten Konflikte in den Hintergrund, angesichts der Kraft spendenden Schönheit des leuchtenden Sonnenuntergangs an diesem unvergleichlichen Ort. Wie klein erscheint doch der Mensch vor der Weite dieses Horizonts. ▮

Im Etosha-Nationalpark gibt es fünfzig Wasserstellen, die ganzjährig Wasser enthalten und für die Wildtiere überlebenswichtig sind. Gerade in der Trockenzeit bieten sich die Wasserlöcher für oft spektakuläre Tierbeobachtungen an.

Mythos Etosha

WO DIE GEDULD DICH REICH BELOHNT

Das Aufwachen inmitten des National-parks birgt eine besondere Magie: zu wissen, dass außerhalb der sicheren Umzäunung des Camps die mannigfaltige Tierwelt einen neuen afrikanischen Morgen begrüßt. Zu spüren, dass in nächster Umgebung Leben und Tod so real beieinander liegen, wie dies meist nur in der Natur der Fall ist.

Wie bereits gestern begeben wir uns auf eine selbst gefahrene Safari durch den großen Park. Von Halali geht es heute auf Umwegen in das knapp 100 Kilometer westlich gelegene Okaukuejo Camp. Immer wieder halten wir an den gut ausgeschilderten Wasserlöchern. Immer wieder halten wir am Straßenrand. Immer wieder halten wir inmitten des scheinbaren Nichts und staunen über die unfassbare Schönheit der Natur, die atem-beraubende Vielfalt der Tierwelt und die unendliche Weite dieses einmaligen Reservats. Da es schon lange nicht mehr geregnet hat, sehen wir sehr viel Wild. Gerade an den Wasserlöchern ist meist einiges los. Kommt man zur falschen Zeit in den Nationalpark, also während eines starken Regens oder kurz danach, so ist es oft schwierig, Tiere zu Gesicht zu bekommen, denn bei ausreichend Wasser im Busch brauchen sie die Wasserstellen nicht.

Wir jedoch sind genau zur richtigen Zeit hier, es ist staubtrocken, und so genießen wir immer wieder die Ansammlungen verschiedenster Tiere an den Wasserstellen. Oft wirken diese Szenen ruhig – doch wer genau beobachtet, der spürt sofort, dass dieser Schein trügt. In der sengenden Hitze der Luft liegt eine fast zerreißende Spannung. Die Rangordnung steht fest. Das Fressen und Gefressenwerden ist Teil eines jeden Tages, einer jeden Stunde, eines jeden Moments.

Die Hitze der Mittagszeit verbringen viele der Wildtiere – wie diese Impala-Herde – gerne im Schatten der wenigen Bäume im Park.

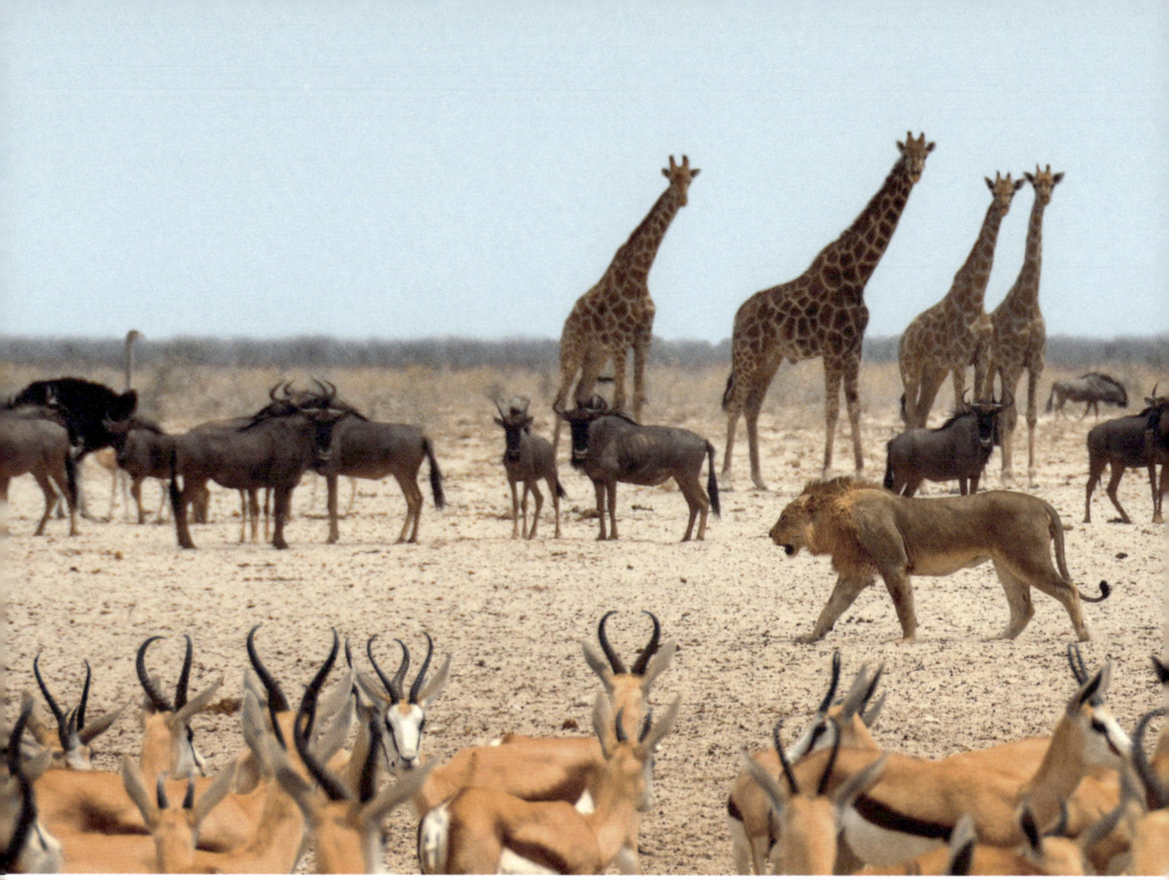
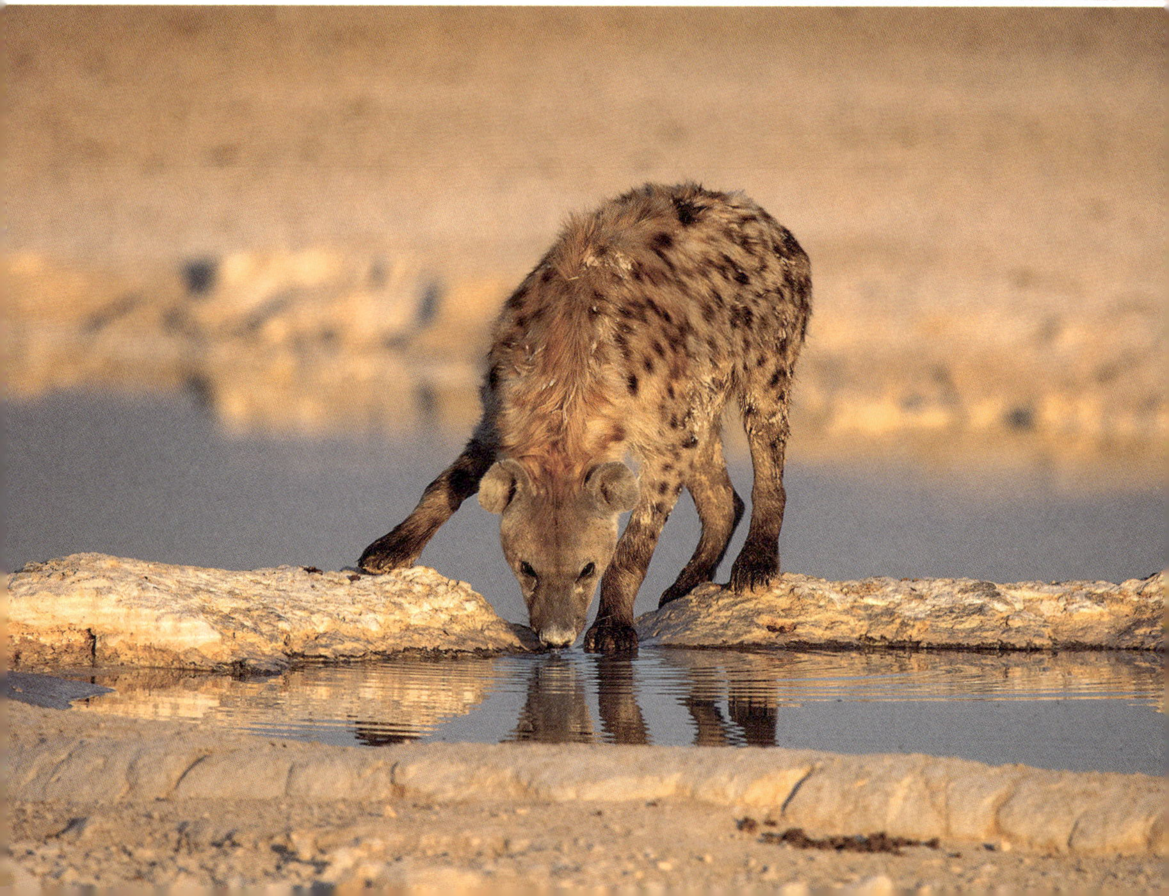

So mögen Jäger und Gejagte vermeintlich friedlich gemeinsam am Wasserloch trinken, doch Sekunden später kann die Idylle bereits durch einen Kampf um Leben und Tod beendet sein.

Wir beobachten stille Momente, Momente des gegenseitigen Respekts, angespannte Begegnungen, kleine Kämpfe, größere Kämpfe, berührende Augenblicke familiären Idylls, Tierkinder im ausgelassenen Spiel genauso

Oft treffen an den Wasserstellen viele verschiedene Tiere zusammen – doch schnell wird klar, wer der unangefochtene »Chef im Ring« ist.

wie Löwen im *food coma* – dem nahezu ohnmachtsähnlichen Schlaf im Schatten eines Baumes nach einem viel zu großen Mahl. Über den Tag verteilt sehen wir Löwen, Giraffen, Nashörner, viele verschiedene Antilopenarten wie Steinböcke, Damara-Dikdiks, Impalas, Oryx, Kudus, Hartebeest, Elands, Streifengnus, außerdem Zebras, Vogel-Strauße, Sekretär-Vögel, Riesentrappen … und einen Skorpion. Für die offiziellen Big Five fehlen uns zwar noch der Leopard (den wir wirklich allzu gern vor die Linse bekommen hätten) und der Büffel, aber wir sind dennoch zufrieden, als wir nach einem aufregenden Tag in Okaukuejo ankommen und unsere geräumigen Waterhole Bungalows direkt am campeigenen Wasserloch beziehen.

Ähnlich wie ihre entfernten Verwandten, die Haus-
katzen, sind die majestätischen Löwen Afrikas unter-
einander häufig äußerst verschmust, liebevoll und
verspielt. Aber nahekommen möchte man ihnen
trotzdem nicht.

Okaukuejo ist ein deutlich schöneres Camp als Halali und gleichzeitig das Verwaltungs- und Forschungszentrum des Parks mit einem ökologischen Institut. Wir genießen die wenigen Stunden, die wir hier verbringen. Das Wasserloch direkt bei unseren Hütten (selbstverständlich getrennt durch einen sicheren Zaun) ist bei unserer Ankunft zwar wie leergefegt, aber genau das gehört eben auch dazu. Wenn man in Etosha eines lernt, dann ist es Geduld. Oft passiert über Stunden nichts, aber dann geht alles ganz schnell und die spektakulärsten Szenen entfalten sich direkt vor den Augen des abwartenden Beobachters.

Geduld ist nicht unbedingt meine Kernkompetenz, und so fällt es mir während unserer Tage in Etosha zum Teil durchaus schwer, an den Wasserlöchern zu verharren, zu beobachten, nichts zu tun, weiter zu beobachten und zu warten ob des einen Wow!-Moments. Doch wer genau diese Geduld aufbringt, wird oft reich belohnt. Und Carolyns Vorfreude auf den einen monumentalen »Schuss« lässt mich immer wieder gelassen lächeln – und gibt meinem Sitzfleisch die nötige Toleranz.

Für gute Wildtier-Aufnahmen braucht man oft ähnlich viel Glück wie Geduld.

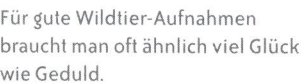

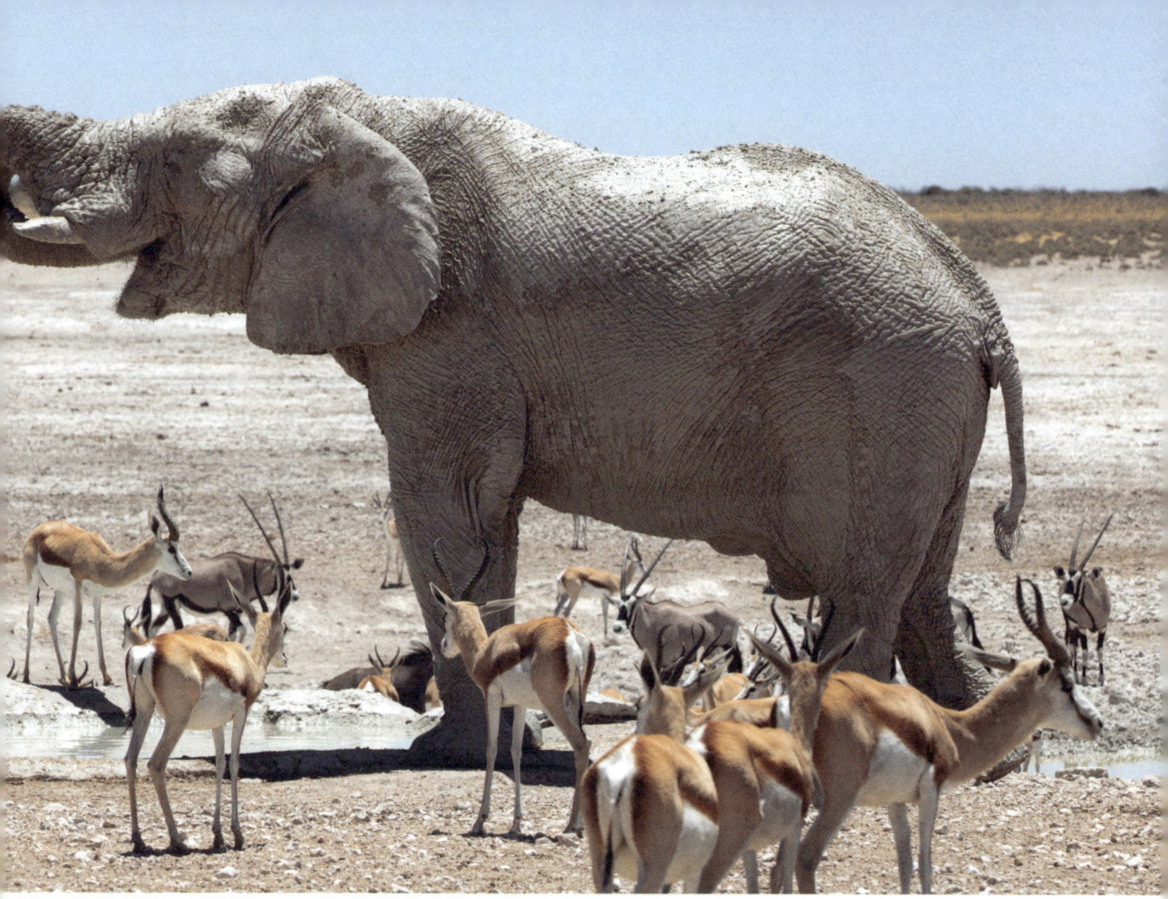

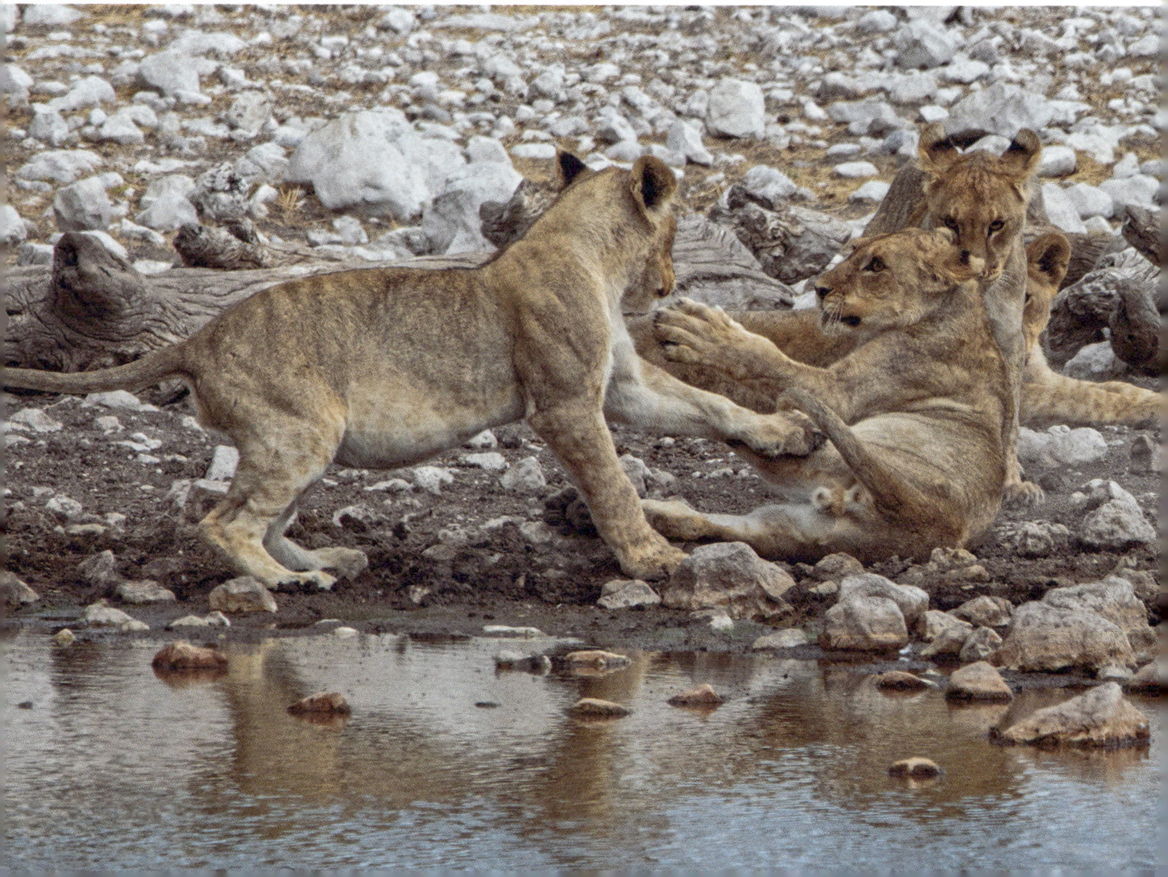

>> *Geduld ist eine lohnende Tugend,*
die dich reich beschenkt.

An der kleinen Tankstelle im Camp begegnen wir einem alleinreisenden Mann aus Süddeutschland. Eine Löwenfamilie, die sich im Schatten seines Wagens ausgeruht habe, sodass sich die Weiterfahrt um Stunden verzögerte, sowie eine Herde mit rund 50 Elefanten habe er heute gesehen, erzählt er.

Carolyn blickt mich an und zieht vielsagend die Augenbraue hoch – die Story klingt fast zu dramatisch, um wahr zu sein. 50 Elefanten? Wir waren froh über den einen majestätischen Bullen am Wasserloch. Doch vielleicht hat dieser Mann ja Recht und wir hatten einfach noch nicht das entsprechende Elefanten-Glück. Ein Tag bleibt uns ja noch, mal sehen, was passiert.

Der Abend in Okaukuejo hält eine weitere Überraschung für uns bereit. Völlig unerwartet treffe ich im Restaurant Jürgen, einen alten Freund aus Südafrika, der gerade mit einer kleinen Gruppe Gäste auf Tour durch Namibia ist. Das ist wirklich verrückt! Inmitten der globalen Krise am vermeintlichen Ende der Welt alte Freunde zu treffen, hat schon einen besonderen Reiz. Und so genießen wir gemeinsam ein Gläschen Wein und schwelgen in Erinnerungen an die *good old days*. ◼

Vom Aufgang der Sonne hinter der Webervogel-Kolonie bis zu ihrem Untergang – jeder Tag im Etosha-Nationalpark ist von Neuem ein Abenteuer und zugleich ein Geschenk.

» Die Natur zeigt uns auf so wunderbare Weise, wie unwichtig manches Alltagsproblem angesichts des großen Ganzen ist.

Ins Kaokoland

WO SCHENKEN EINE
NEUE DIMENSION ERHÄLT

Wir verlassen Okaukuejo bei Sonnenaufgang und tauchen ein letztes Mal
ein in die Faszination »Safari im Etosha-
Nationalpark«. Bereits an einer der ersten
Wasserstellen haben wir enormes Glück –
eine ganze Elefantenfamilie mit Babys genießt
direkt vor unseren Augen und Carolyns Linse
die Erfrischung. Den ausgelassen spielenden
Elefantenkindern zuzusehen, ist entspan-
nend und lustig. Schweren Herzens verabschieden wir uns nach einer Stunde von den
grauen Riesen – eine noch relativ lange Fahrt
durch den Park und weiter ins Kaokoland, die
Heimat der Himba, wartet auf uns.

Wir lassen es uns dennoch nicht nehmen,
am westlichen Ende Etoshas im exquisiten
Dolomite Camp zu Mittag zu essen. Eine
Übernachtung passt leider nicht in unseren
Zeitplan, doch für kurze Zeit genießen wir
ein wenig Komfort und Entspannung am
Schwimmbad dieses Luxus-Camps, mit wei-
tem Blick über den Nationalpark.

Dann heißt es endgültig Abschied nehmen von Etosha, der Tierwelt und der grenzenlosen Ebene, die uns tief im Herzen als
Inspiration weiter begleiten wird. Doch so
schnell geht das alles nicht. Ganze zweieinhalb Stunden verzögert sich unsere Ausfahrt
aus dem Park, denn kurz vor dem Gate
kommen wir in einen massiven Stau. Jawohl,
einen Stau. Als Abschiedsgeschenk erlaubt
uns Etosha ein ganz besonderes Erlebnis:
eine Elefantenherde von mindestens 70 Tieren, die direkt vor unseren Augen die Straße
überquert. SIEBZIG Tiere – und wir mittendrin! Im Park haben Tiere grundsätzlich
»Vorfahrt«, und so verharren wir geduldig,
bis die gesamte Großfamilie – einer nach
dem anderen vor uns, hinter uns, wieder vor
uns, neben uns, hinter uns und wieder vor
uns – gemächlich über die breite Schotter-
straße zieht.

Der Etosha-Nationalpark ist fast so groß
wie Hessen und das zweitgrößte Natur-
schutzgebiet Afrikas.

In dem Safari Paradies kann es sogar
vorkommen, dass eine Herde von über
70 Elefanten einen mehrstündigen
»Stau« verursacht. ▼▼

An ein Weiterfahren ist nicht zu denken, damit begäben wir uns in ernste Gefahr. Solange wir aber ruhig verharren und unseren Wagen keinen Millimeter bewegen, ist alles gut. Viele der Tiere bleiben in unmittelbarer Nähe von uns stehen, fressen gemächlich ein paar grüne Blätter, aber vor allem beobachten sie uns ganz genau. Nichts entgeht diesen intelligenten Riesen, keine unserer Bewegungen. Knapp zweieinhalb Stunden dauert diese magische Begegnung – erst dann ist es sicher, den Wagen wieder zu starten und endgültig Abschied zu nehmen von der majestätischen Elefantenherde wie auch dem so beeindruckenden Etosha-Nationalpark.

Danach ist es lange sehr still in unserem Wagen – zu überwältigt sind wir beide von dem gerade Erlebten. Zu fasziniert von dem so außergewöhnlichen Moment.

Irgendwo im Niemandsland vor Opuwo halten wir an einer kleinen *Shebeen, Shebeens* sind winzige lokale Lädchen, in denen es Lebensmittel und manchmal auch Alkohol zu kaufen gibt. Namibia ist ein sehr sicheres Reiseland, und so birgt dieser Stopp keinerlei Gefahr. Noch nie bin ich auf meinen vielen Reisen durch Namibia anders als freundlich empfangen worden, und auch hier begrüßen uns die Menschen dieses Dorfes mit größter Herzlichkeit.

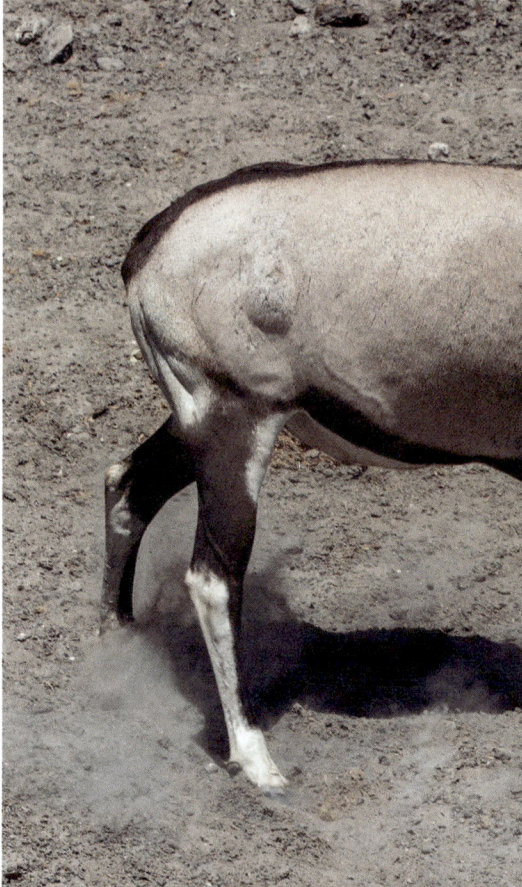

Kämpfende Oryx-Antilopen, badende Elefantenkinder oder fressende Erdhörnchen – egal wie groß oder klein, jedes der unzähligen Tiere im Nationalpark hat seinen ganz eigenen Reiz und Zauber.

Am beeindruckenden Kleid der älteren Dame, die uns dort entgegentritt, erkennen wir gleich, dass es sich um eine Herero handeln muss – nur sie tragen die schweren historischen Kleider mit den unzähligen Lagen Stoff und die dazu passenden großen und auffälligen Kopfbedeckungen. Die Frauen wirken altertümlich-elegant, die bunten Farben unterstreichen ihre ganz eigene Schönheit.

Mit wenigen Brocken Englisch und Handzeichen ist bald eine eifrige Unterhaltung in Gang. Nicht alle Besucher der Shabeen sind vom Stamm der Herero - aber wie in Namibia üblich, erleben wir ein harmonisches, fröhliches Miteinander der verschiedenen Ethnien. Auch uns als Besuchern begegnen die Men-

schen mit einer ehrlichen Freundlichkeit. Wir kaufen noch ein paar Kekse, bevor unsere Fahrt weitergeht.

Als wir in Opuwo ankommen, geht bereits die Sonne unter und zeichnet goldglänzende Lichtschwerter in das staubige Land. Die mehr als 720 Kilometer nördlich von Windhoek gelegene Stadt ist Regierungssitz der Kunene-Region, Herz des historischen

Die Würde der so markant gekleideten Herero-Frauen ist selbst in der einfachen Umgebung der lokalen *Shebeen* überwältigend. Eine *Shebeen* ist eine Mischung aus Tante-Emma-Laden und Dorfkneipe im ländlichen Namibia.

>> Wenn wir etwas schenken, geht es nicht darum, was wir geben möchten, sondern allein darum, was der Beschenkte braucht und will – und sei es Maismehl, Zucker und Öl.

Kaokolandes und Zentrum der Himba-Stammestradition. Und genau deshalb sind wir hier – wir möchten die Himba besuchen, eintauchen in eine weitere uns so fremde Kultur.

Bevor wir jedoch am nächsten Tag ins Hinterland aufbrechen, heißt es erst einmal: Gastgeschenke besorgen. Das klingt vermutlich romantischer als es in der Tat ist. Gemeinsam mit unserem Freund und Himba-Guide Rimunikawi gehen wir in den lokalen Supermarkt und erstehen sage und schreibe 400 Kilo Maismehl, 50 Kilo Zucker, 20 Liter Öl, 2 Kilo Butter und 20 Laib Brot. Kurz überkommt mich ein kleiner Weltverbesserer-Anflug und ich schlage vor, auch etwas Gesundes zu kaufen. Doch das wehrt Rimunikawi schnell ab: »Es ist okay, nur Mais, Zucker und Öl zu kaufen! Das brauchen die Himba im Dorf am dringendsten. Statt unnötig Geld für Obst und Gemüse auszugeben, kaufen wir besser noch mehr Mais.«

Und so geht der Discovery an diesem Abend schwer in die Knie. Säckeweise laden wir Maismehl ein, um uns am nächsten Morgen aufzumachen in eine andere Zeit und eine andere Welt. ■

Obst und Gemüse gibt es in Opuwo kaum zu kaufen, und es war auch nicht wirklich erwünscht: »Kauft als Gastgeschenk bitte vor allem Maismehl, das braucht mein Stamm am dringendsten.

Im Bann der Himba

WO DER WAHRE LUXUS
IN DER EINFACHHEIT LIEGT

Gute 60 Kilometer außerhalb von Opuwo liegt das Himba-Dorf Okamuue zu dem uns Rimunikawi lotst. Mitten durch den Busch navigieren wir den schwer beladenen Land Rover, bis wir nach einer guten Stunde Fahrt fernab der modernen Zivilisation ankommen in dem kleinen Kral, der für zirka 20 Erwachsene und noch einmal so viele Kinder die vertraute Heimat ist. Zwar gäbe es nahe der Stadt Opuwo vereinzelte »Lebend-Museen«, in denen Touristen schnell und unkompliziert die Lebensweise der Himba sehen und ihre obligatorischen Selfies machen können – aber genau das wollen wir nicht.

Gemeinsam mit Rimunikawi besuchen wir lieber ein abgeschiedeneres Dorf, lernen die Menschen kennen und tauchen ein in das authentische Leben des Stammes, der aufgrund seiner roten Körperbemalung und der ungewöhnlichen Haartracht der Frauen international für Berühmtheit gesorgt hat. Wie überall auf unserer Welt sind Lebenswelt und Tradition auch dieses indigenen Volkes bedroht, durch die Einflüsse und Eingriffe der Moderne ebenso wie durch Klimaveränderungen. In unserem Dorf aber scheint die Zeit tatsächlich stehen geblieben zu sein.

Die Menschen hier begrüßen uns freundlich und nehmen uns von Beginn an bei der Hand – den ganzen Tag über dürfen wir sie begleiten, sie fotografieren, ihnen bei den täglichen Arbeiten helfen, von ihnen lernen, gemeinsam lachen und aus erster Hand erleben, wie ein Tag im Leben der Himba im Kral abläuft. Stress kommt nicht auf, vermutlich gibt es dieses Wort gar nicht in der Sprache dieses so tiefenentspannten Volks.

Viele der Himba-Dörfer liegen noch heute fernab der Zivilisation. Oft umfassen die Krals lediglich wenige Hütten und sind das Zuhause für nur 20 bis 50 Personen der jeweiligen Stammesfamilie.

Die Himba sind vor allem für die rot bemalte Haut der Frauen sowie deren faszinierende Frisuren bekannt. Die Farbe, die der Körperpflege dient und Otjize heißt, wird aus Ockerstein und Fett gemischt und täglich neu aufgetragen. Als Parfüm dient das Räuchern verschiedener Pflanzen und Wurzeln sowie eine ölige Paste auf dem großen Halsschmuck. Die Mädchen erkennt man an den zwei nach vorn geflochtenen Zöpfen, die Frauen wiederum verschönern ihre Haare durch ein Gemisch aus Ocker und Ton.

Wie wir bereits bei den San bemerkt hatten, ist auch für die Himba der Begriff Zeit offenbar völlig irrelevant. Warum sollten sie sich sorgen, welcher Monat oder welcher Wochentag ist? Wichtig ist doch nur, ob es regnet oder nicht. Ob genügend Wasser da ist und Mais. So antwortet eine der jungen Frauen auf die Frage, was ihr größter Wunsch im Leben sei, mit den schlichten Worten: »Ich wünsche mir Regen, sodass ich Mais anbauen kann und meine Familie zu essen hat.«

Unbedeckte Brüste sind für die Himba ebenso unspektakulär wie für westliche Kulturen unbedeckte Arme. Auch die Männer reagieren nicht auf Brüste, für sie sind viel wichtiger: ein schöner Po und der Fleiß einer Frau im Haushalt.

Mais ist Lebenselixier. Grundnahrungsmittel. Zentrales Gemeinschaftsgut. Und die Grundlage einer jeden Mahlzeit im Kral. Und das meine ich wörtlich – einer jeden Mahlzeit im Kral. Mais ist verfügbar und Mais schmeckt. Dass der Maisbrei wirklich gut ist, dürfen wir mittags am eigenen Leibe erfahren. Aber zuvor heißt es mahlen … und das ist weit einfacher gesagt als getan. Laut lachen die Himba-Frauen über meine kläglichen Versuche, die harten Körner mit dem Steinmörser in lockeres Maismehl zu verwandeln. Noch nie im Leben hat es mir eine solche Freude bereitet, ausgelacht zu werden. Das Lachen der Himba-Frauen ist von so unbefangener Herzlichkeit, dass ich nicht anders kann als mitzulachen ob meiner Unfähigkeit zu dieser so elementaren Himba-Hausarbeit.

>> Im Leben findest du
den wirklichen Luxus oft in
ganz einfachen Dingen.

Nach dem Mahlen gehen Wigemba und ich in den Busch, um Feuerholz zu sammeln. Viel benötigen wir nicht und die wenigen trockenen Äste sind bald gefunden. Weit schwerer ist der Rückweg ins Dorf – das Balancieren des Astbündels auf dem Kopf will (zumindest mir) so gar nicht gelingen. Aber sei's drum, wenigstens beim Kochen kann ich zeigen, dass ich durchaus zu etwas zu gebrauchen bin. Und so avanciere ich bald zur Chef-Rührerin, ganz zur Freude von Wigemba, die gemeinsam mit mir am Feuer sitzt und das Kochen des Mittagessens für die Gemeinschaft überwacht.

Im Himba-Dorf gibt es weder mein noch dein. Es wird gern und großzügig geteilt. So sitzen wir alsbald lachend und fröhlich erzählend in der Gemeinschaftshütte und genießen den frisch gekochten Brei. Ich bin stolz, zumindest ein wenig zum Gelingen dieses einfachen und doch so schmackhaften Gerichts beigetragen zu haben. Maismehl und Wasser ist alles, was es braucht. Als besonderes Extra konnten wir heute noch ein wenig Zucker und Butter von unseren Gastge-

schenken hinzugeben. Aber auch ohne diese seltenen Zutaten schmeckt der Brei wirklich erstaunlich gut! Wenn ich die Wahl hätte zwischen einem Fünfsternemenü und diesem einfachen Maisbrei gemeinsam mit den Himba-Frauen im Kral, so würde ich mich immer für den Brei entscheiden. Denn das gemeinsame Mittagessen im Dorf ist für mich ein zutiefst berührendes Erlebnis, ein Moment echter Verbundenheit und wahren Glücks.

Es scheint fast, als sei die Zufriedenheit der Himba ansteckend. Wie Rimunikawi uns erzählt, sind seine Landsleute wohl die glücklichsten Menschen der Welt. »Die Himba sind eigentlich nie gestresst und immer zufrieden. Dinge, die einem Menschen Stress bereiten, sind das moderne Leben und moderne Sachen, um die man sich kümmern muss.« Wer also wie die Himba im Busch kein Handy hat, der muss laut Rimunikawi auch nicht laden, muss kein Guthaben kaufen und regt sich nicht über das Fehlen einer guten Internetverbindung auf. »Die Himba leben eben deutlich mehr im Hier und Jetzt. Zeitdruck, Verspätung und Termine kennen sie nicht. Das Einzige, was einen Himba aus der Ruhe bringen kann, ist der Diebstahl einer Kuh. Dies passiert zwar nur sehr selten, aber wenn es passiert, dann ist die Hölle los.«

Maisbrei ist die wichtigste (und fast ausschließliche) Nahrung der Himba und schmeckt erstaunlich gut. Viele der Himba können sich gar nicht vorstellen, dass in anderen Kulturen kein Maisbrei gegessen und zu jeder Mahlzeit etwas anderes serviert wird.

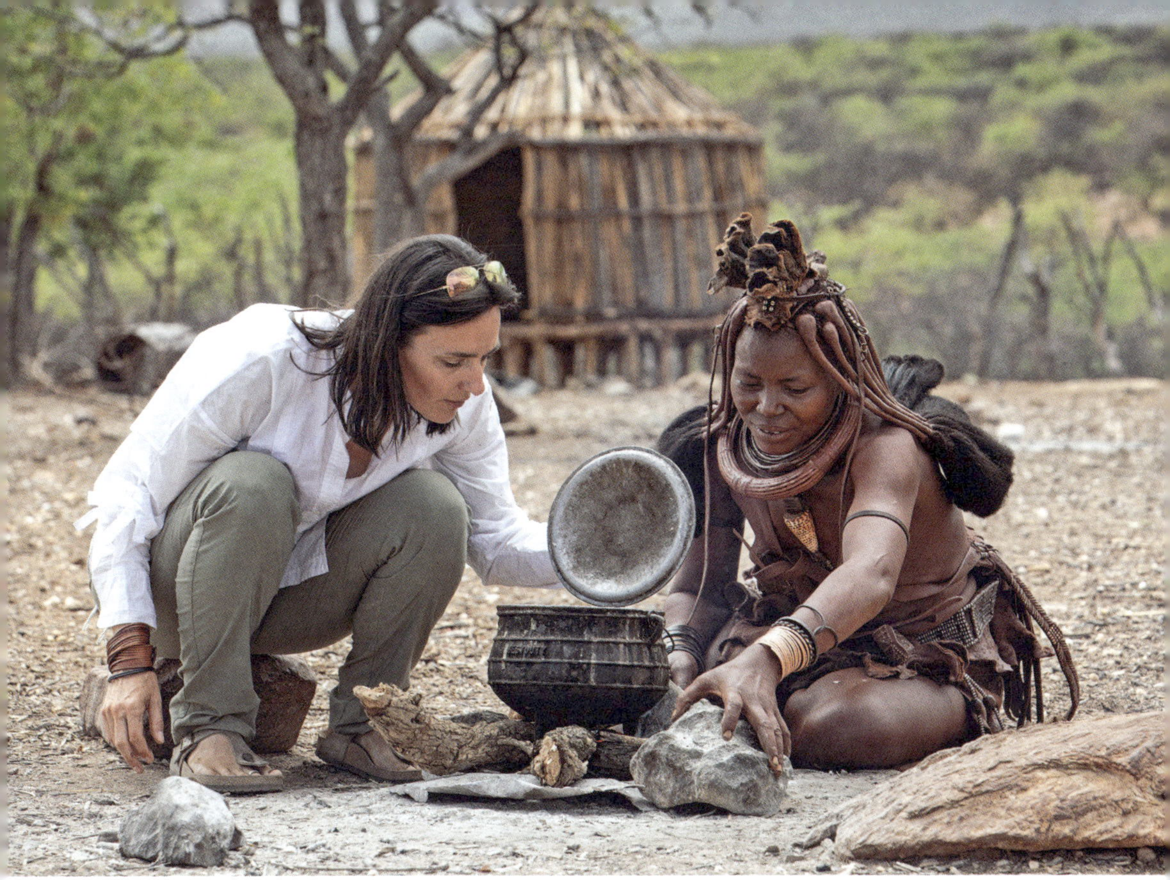
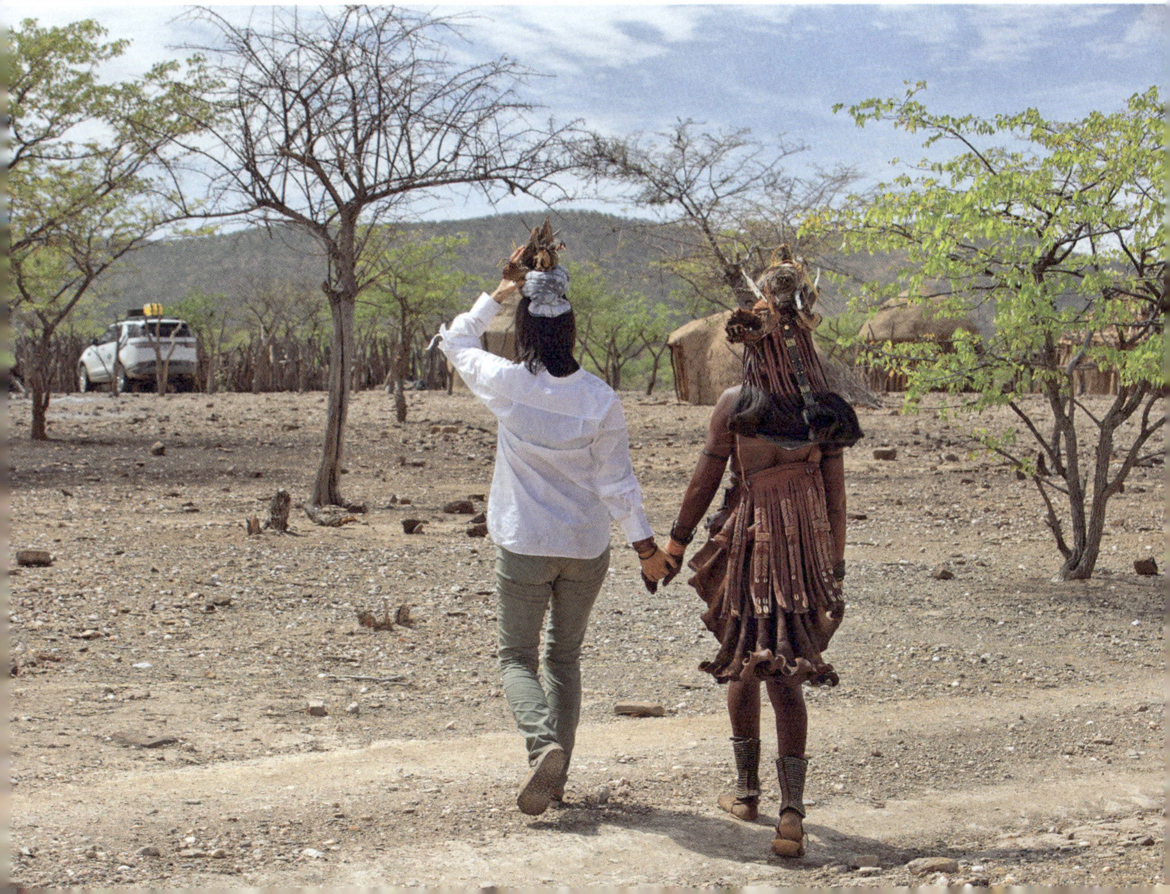

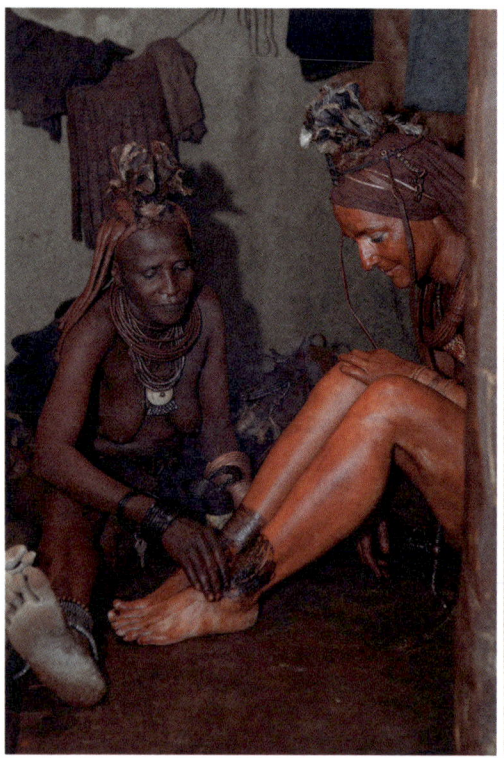

Generell werden aber auch solche Probleme wohl nicht im Eifer des Gefechts gelöst, sondern durch den Ältestenrat und anhand etablierter Himba-Regeln. Einer der Grundpfeiler dieses Systems ist der tiefe gegenseitige Respekt. Auf meine Frage, was wir im Westen von den Himba lernen können, antwortet Rimunikawi nach kurzem Überlegen: »Die Menschen im Westen können von uns Himba lernen, sich gegenseitig mehr zu respektieren und sich besser umeinander zu kümmern.« Wohl wahr, wohl wahr. Mit dieser Maxime werden bereits die Kleinen erzogen, und der enge Zusammenhalt der Kinder sowie das völlige Fehlen von Streit und Zankerei fällt uns im Dorf sehr positiv auf.

Nach einem erfüllten Tag verabschieden wir uns von unseren Wegbegleitern dieser so unvergesslichen gemeinsamen Stunden. Im Auto sitzend lassen wir das Erlebte noch einmal Revue passieren und versuchen die richtigen Worte zu finden, die das Wesen der Himba am besten zu beschreiben vermögen. Rimunikawi fallen dazu folgende Worte ein: stressfrei, zufrieden, entspannt, glücklich, familiär, friedlich und würdevoll. ■

Welch unvergessliches Geschenk, als eine der seltenen Besucherinnen des Dorfes von den herzlichen Frauen in eine der ihren verwandelt zu werden.
Die Himba-Frauen scheinen zu leuchten – und das liegt nicht nur an der warmen Farbe von Haut und Haaren.

>> Der innere Phoenix kann sich in
der Weite und Schönheit der Natur
am besten entfalten.

Wilhelm auf der Tonne

WO DU GEWINNST,
WEIL DU MUTIG UM HILFE BITTEST

Wie so oft im Leben haben wir die Wahl. Nehmen wir die kürzere Strecke über die gut ausgebaute Asphaltstraße oder die landschaftlich reizvollere Schotterpiste, die nicht nur kilometermäßig weiter ist, sondern auch deutlich länger dauern wird, weil man auf Schotter nie so schnell fahren kann wie auf Asphalt? Immerhin reden wir von rund 600 Kilometern – und das an einem Tag. Etwas, das ich mit Gästen auf unseren geführten Erlebnistouren so niemals machen würde. Wir aber wollten in einem Rutsch durchfahren und so heißt es nun: Zähne zusammenbeißen. Aber noch einmal – die kürzere, angenehmere Strecke oder die schönere, längere? Die Wahl ist klar. Ohne auch nur mit der Wimper zu zucken entscheiden Carolyn und ich uns für die anstrengendere Variante. Schließlich ist sie landschaftlich viel ansprechender. Schließlich sind wir mit einem 4x4 unterwegs. Schließlich haben wir alle Zeit der Welt (naja, vor Einbruch der Dunkelheit würden wir schon gern ankommen). Schließlich ist der Weg das Ziel.

Und so brechen wir um 6.30 Uhr von der Opuwo Country Lodge auf. In den nächsten Stunden werden wir mehr als reichlich belohnt durch die unterschiedlichsten Landschaften. Gefühlt fahren wir nicht nur durch Namibia, sondern durch Namibia, Arizona, den Wilden Westen und das bizarre australische Hinterland, so abwechslungsreich sind die Gegenden, die wir passieren.

Landschaftlich ist Namibia ist eines der facettenreichsten, reizvollsten und weitesten Länder der Welt, dazu über große Strecken völlig menschenleer.

Ich fahre gern auf Schotter, liebe es, wenn unsere Staubwolke im Rückspiegel eins wird mit dem fernen Horizont. Und diese Strecke bietet wirklich alles. Auf den gesamten 608 Kilometern, die wir an diesem Tag hinter uns bringen, sind lediglich zwei winzige Abschnitte von je ungefähr einem Kilometer geteert, das macht 606 Kilometer Schotter, in einem durch, an einem Tag. Mein rechtes Bein weiß nach diesem Tag, was es geleistet hat. Carolyn hat keinen Führerschein, aber das ist okay. Ich fahre sehr gern und habe eine Riesenfreude hinter dem Steuer. Gerade die Geländeabschnitte genieße ich, und davon warten in den nächsten Tagen noch einige auf uns. Aber zurück zu unserer Tour an diesem Tag.

Wir halten unterwegs immer wieder an und staunen ob der Schönheit der Landschaften – stehen einfach nur am (wie so oft in Namibia völlig verwaisten) Straßenrand, genießen den Moment und saugen die Einzigartigkeit dieses Landes auf.

Die meisten Straßen in diesem sehr großen und dünn besiedelten Land sind noch heute Schotterpisten. Oft begegnet man über Stunden nur wenigen anderen Verkehrsteilnehmern – und die fahren auch nicht unbedingt immer in einem Pkw.

» Ohne den Mut, um Hilfe zu bitten und dabei auch auf fremde Menschen zuzugehen, bleibt uns im Leben viel verschlossen.

Irgendwann, irgendwo auf dieser langen Fahrt treffen wir Wilhelm. Wilhelm auf der Tonne, wie er bald bei uns heißt. Auf einer kleinen Bergkuppe steht inmitten der Straße ein alter Truck. Auf dem Truck ein Wasserfass und darauf steht ein Mann. Dieser schaut ins Tal. Warum wissen wir nicht. Wir halten den Wagen an, und fragen ihn, ob alles in Ordnung sei. »Yes, all good Ma'am.« Dort unten im Tal habe er drei Löwen gesehen, er ist

Was macht ein Mann auf einer Tonne stehend auf seinem offenen Truck? Er beobachtet aus sicherer Entfernung eine Löwenfamilie, die er am Straßenrand entdeckt hat.

sichtlich aufgeregt. »Mein Truck ist offen und viel zu gefährlich, könnt ihr mich bitte mit ins Tal nehmen, ich würde so gern die Löwen aus der Nähe sehen.«

Drei Löwen am Straßenrand? Da sind wir auf jeden Fall dabei! Und so steigt Wilhelm bei uns in den Wagen und wir fahren die paar hundert Meter hinunter in die Talsenke. Und tatsächlich, direkt neben der Straße sehen wir sie – zwei prächtige Löwendamen und ein Männchen. Vermutlich wären wir ohne Wilhelm schlicht und einfach an ihnen vorbeigefahren. Schön, dass er den Mut hatte, uns anzusprechen. So kommen wir alle drei in den Genuss dieses Anblicks – eine klassische Win-win-Situation. Er hatte den Mut, uns um

Hilfe zu bitten und wir wiederum die Courage, einen Wildfremden mitzunehmen. Es zeigt sich wieder einmal: Ohne Mut gewinnt man im Leben nichts. Und wenn jemand mit einem so großen und ehrlichen Lächeln mitten auf der Straße auf einer Tonne steht, dann ist die Gefahr vermutlich sowieso eher gering.

Nach guten zehn Stunden kommen wir erschöpft im Ai Aiba an – einer meiner Lieblingslodges in Namibia. Coenie, der neue General Manager, begrüßt uns mit einer so großen Herzlichkeit, dass die Strapazen des langen Tages sofort vergessen sind. Bei einem *Bush Braai* unter dem funkelnden Sternenhimmel Afrikas lassen wir den anstrengenden und dennoch so erlebnisreichen Tag bei leckerem Essen Revue passieren. ■

Die wunderschöne Ai Aiba Lodge liegt am Fuße goldener Felsen in einer überwältigenden steinernen Landschaft.

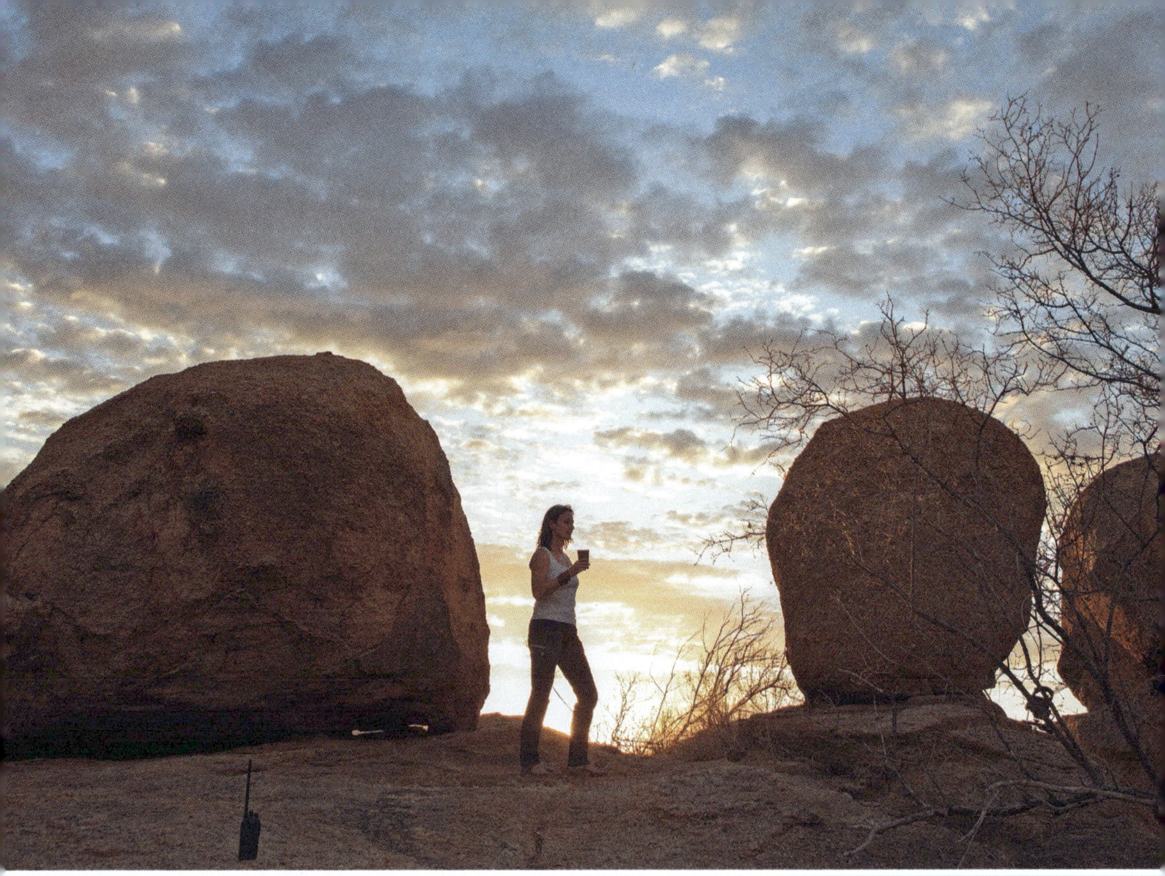

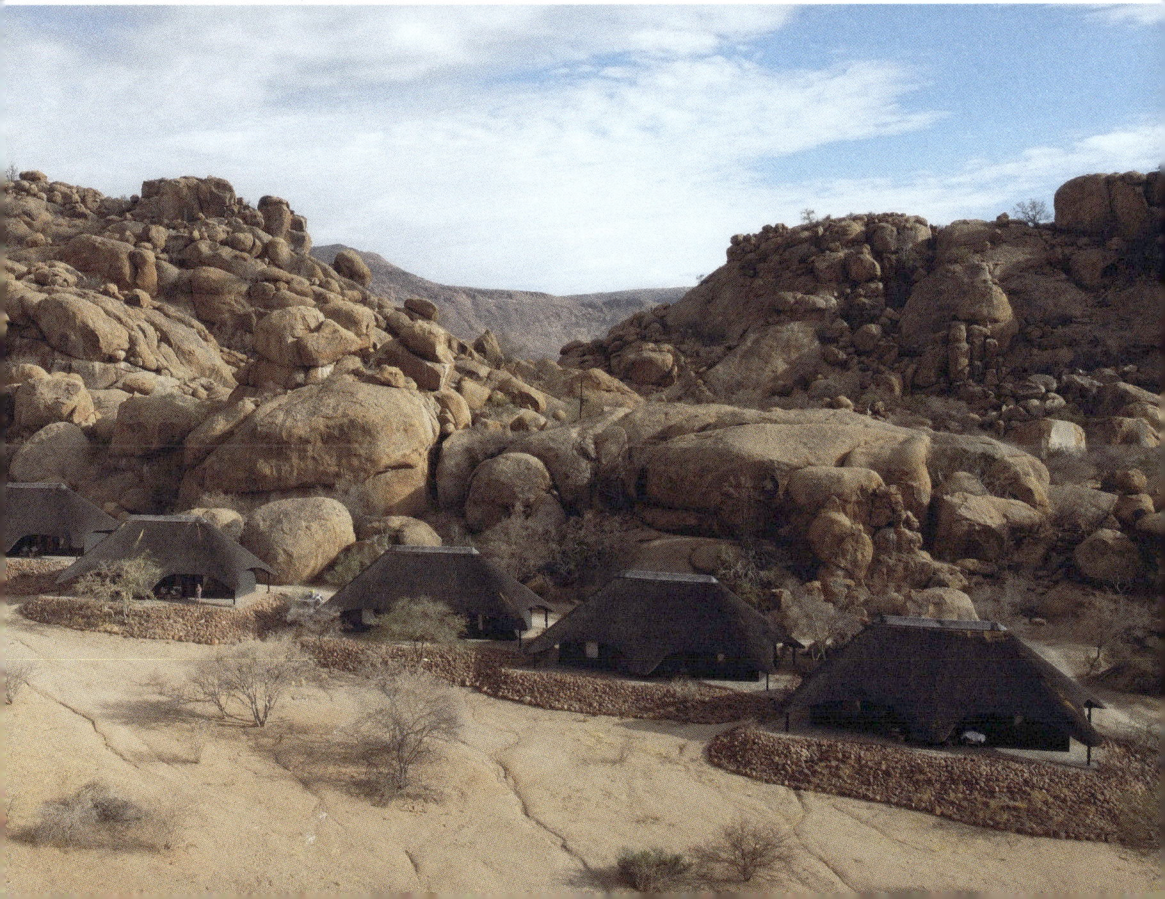

Ai Aiba

Ai Aiba ist bekannt für seine historischen Felsmalereien sowie beeindruckenden Gesteinsformationen – riesige Felsbrocken und meterhohe Steinkugeln liegen in der Landschaft, als hätten die Götter sie zu Urzeiten hier großzügig verteilt. Die Lodge selbst liegt am Fuße einer der größten Formationen, und ein morgendlicher Kletterspaziergang auf den Gesteinsbrocken direkt hinter der Unterkunft ist für Carolyn und mich genau das Richtige nach dem gestrigen Tag. Der Rundweg dauert eine gute Stunde und wir genießen die Bewegung genauso wie den Blick über das weite Land. Außer

uns sind lediglich ein paar Wüstenschliefer unterwegs – am ehesten mit unseren heimischen Murmeltieren zu vergleichen. Putzige Tierchen, die uns ebenso interessiert betrachten wie wir sie.

Jetzt haben wir uns ein ausgiebiges Frühstück verdient! Dass dazu eine Herde Giraffen gemächlich kauend direkt vor der Lodge vorbeizieht, ist ein Bonus mit Seltenheitswert. Wer kommt schon in den Genuss warmer Muffins mit Giraffen im Hintergrund?

Im Gebiet von Ai Aiba lebt eine San-Familie, mit der wir gern ein wenig Zeit verbringen möchten. Leider liegt der Medizinmann mit gebrochenem Bein im Krankenhaus – ein tiefer Schlag für die gesamte Gemeinschaft. Die jungen Männer des Clans empfangen uns dennoch mit offenen Armen und nehmen uns mit auf einen *bush walk*, der vermutlich besser als *rock walk* bezeichnet werden sollte.

Die gut erhaltenen Felsenmalereien Ai Aibas erzählen auf den riesigen Steinbrocken Szenen der Jagd sowie des Lebens im Busch.

Gemeinsam mit zwei San-Jägern (von denen einer ein wenig Englisch spricht) und zwei kleinen Jungs erklimmen wir die urzeitlichen Felsformationen in diesem so außergewöhnlichen Stück Land. Voller Stolz zeigen sie uns die sehr gut erhaltenen Felsmalereien ihrer Vorfahren – abgebildet sind vor allem

Tiere, Menschen und Szenen der Jagd. Wunderschön! Wir sind erstaunt zu hören, dass es in der Gegend selbst heute noch einige der gefährlichen Nashörner gibt und fragen den jüngeren der beiden Männer, was genau sie machen würden, wenn ein Nashorn käme. Er lächelt entspannt und erwidert in einfachem Englisch: »Nichts, was sollen wir schon gegen so ein starkes Tier ausrichten. Wir gehen ruhig weiter und meiden den Blickkontakt.« Eine wirklich souveräne Reaktion. Vermutlich würde uns in entsprechender Situation eben diese Ruhe und Gelassenheit fehlen. Aber wie bereits bei der San-Familie in Fiume, ist auch hier beeindruckend zu erkennen, wie entspannt, ausgeglichen und naturverbunden diese Menschen sind.

Der Lebensstil der San ist ganz im Einklang mit der Natur und den wilden Tieren im Busch. Schon die Kinder lernen die Geschichte der Ahnen sowie die Regeln für das Leben in und mit der Natur.

Die Felsformationen auf Ai Aiba sehen aus, als hätten hier Riesen mit Murmeln gespielt. ▼▼

Und welch tiefes Wissen sie von der Fauna und Flora des Landes besitzen. Sie mögen zwar keine formelle Bildung in unserem Sinne haben, aber ungebildet sind sie deswegen auf keinen Fall.

Für den Spätnachmittag steht ein weiteres Highlight an: Offroad-Felsklettern auf den Gesteinsbrocken der großen Farm. Um auf den Felsen bestmöglichen Griff zu haben, lassen wir den Reifendruck auf fast ein Bar herab. Und dann geht es los. In *low range*, mit erhöhtem Chassis und den entsprechenden Offroad-Modi kriechen wir Schritt für Schritt, Meter für Meter auf einen der größten Felsbrocken. Es erfordert zwar ein wenig Mut, aber ich habe volles Vertrauen in den Landi

und kenne meine Offroad-Erfahrung, darum komme ich aus dem Grinsen kaum mehr raus. Genau so macht das Fahren eines Geländewagens erst richtig Spaß! Ein Mitarbeiter von Ai Aiba ist bei uns – er schüttelt nur lachend seinen Kopf. »Ich hätte nicht gedacht, dass ihr wirklich auf den Felsen fahren wollt.« Und ob! Das Auto ist in seinem Element. Ich bin in meinem Element. Und auch Carolyn ist voll in ihrem Element, und so haben wir bald richtig tolle Bilder im Kasten.

Einen »frohen ersten Advent« mit Glühwein und Spekulatius hat sich auf den Felsen hier vermutlich noch nie zuvor jemand gewünscht.

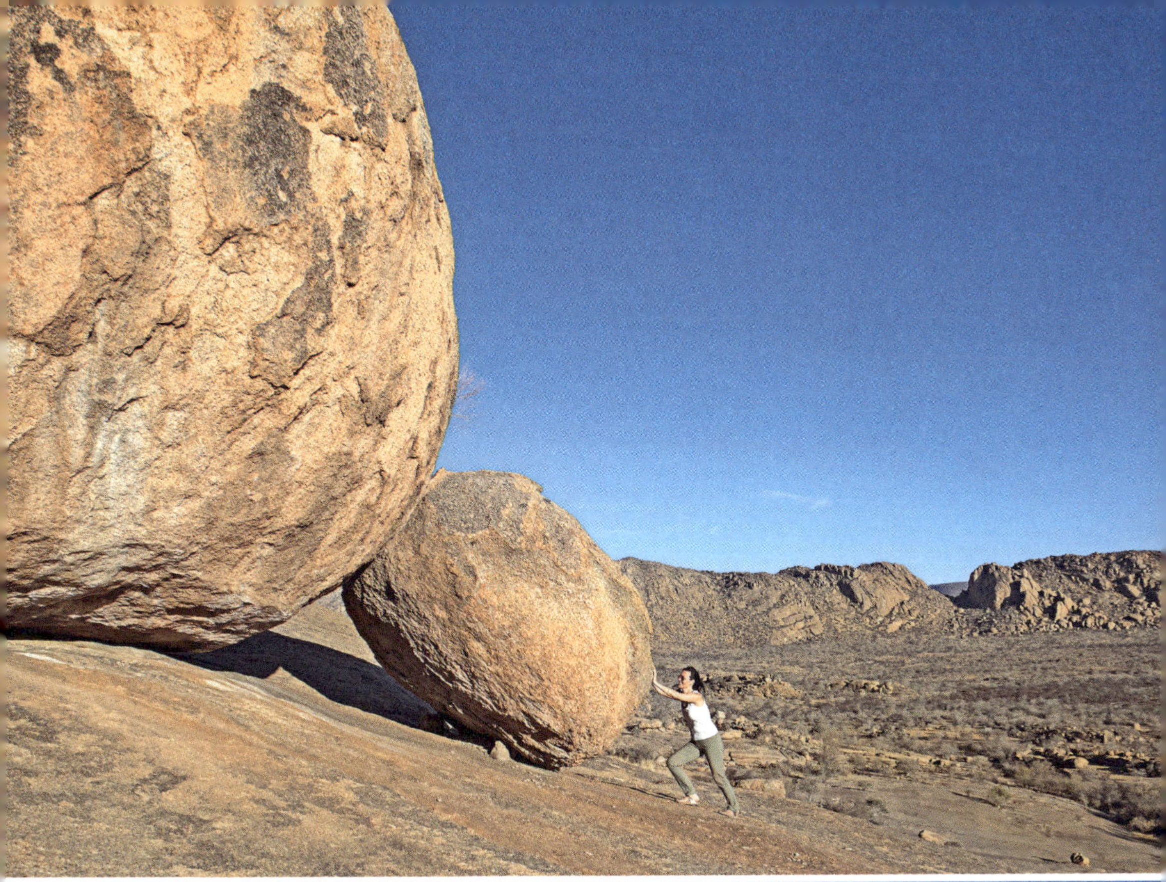

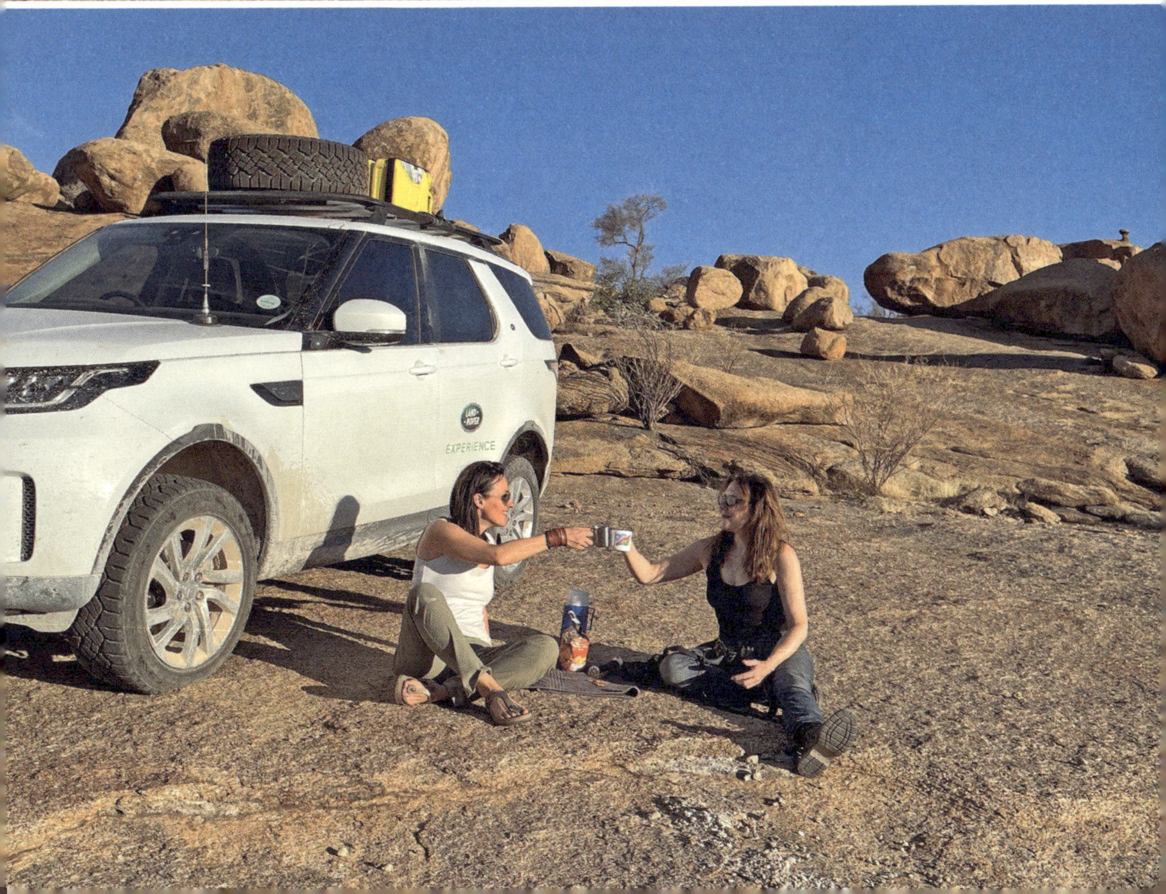
EXPERIENCE

> Viele unvergleichliche Glücksmomente liegen abseits der etablierten Wege und Pfade.

Oben angekommen, genießen wir für einen Moment einfach die Stille. Die Weite. Die Wärme. Und den besonderen Augenblick. Heute ist erster Advent, und während die Welt im Pandemie-Modus den Atem anhält, dürfen wir an diesem einzigartigen Ort verweilen. Welch ein Geschenk.

Trotz all der Schwierigkeiten, die uns dieses Jahr präsentiert hat, sind wir zutiefst dankbar – ein klein wenig Melancholie mischt sich in dieses Gefühl. Zu mitgebrachtem Glühwein, Spekulatius und Lebkuchen feiern wir in aller Stille und Andacht den ersten Advent dieses so herausfordernden Jahres. Möge die Zukunft voll glücksbringender Sonnenmomente sein, ähnlich diesem strahlenden Sonnenuntergang. ■

Da hat das Team von Ai Aiba durchaus gestaunt: als zwei Frauen im Geländefahrzeug wirklich ernst machen und per 4x4 die größten Felsen des weiten Landes um die Lodge herum erklimmen.

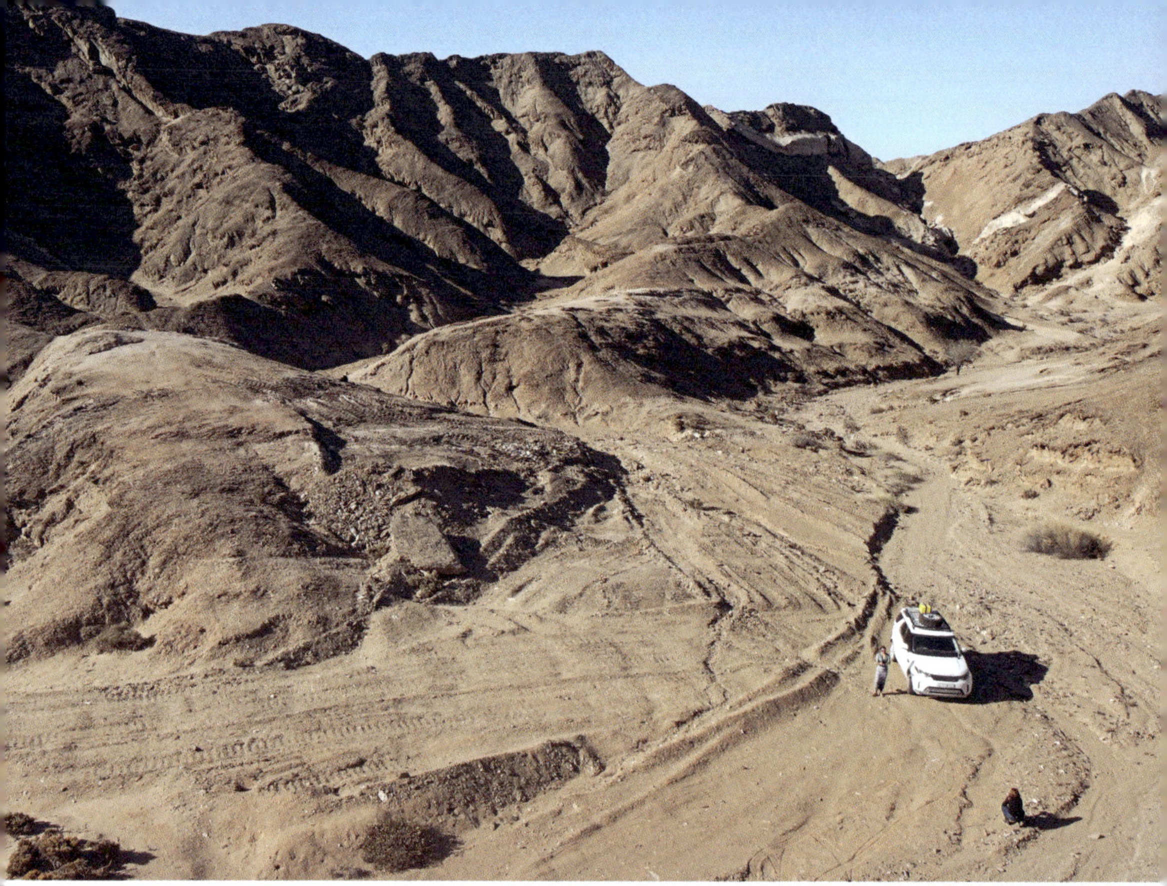

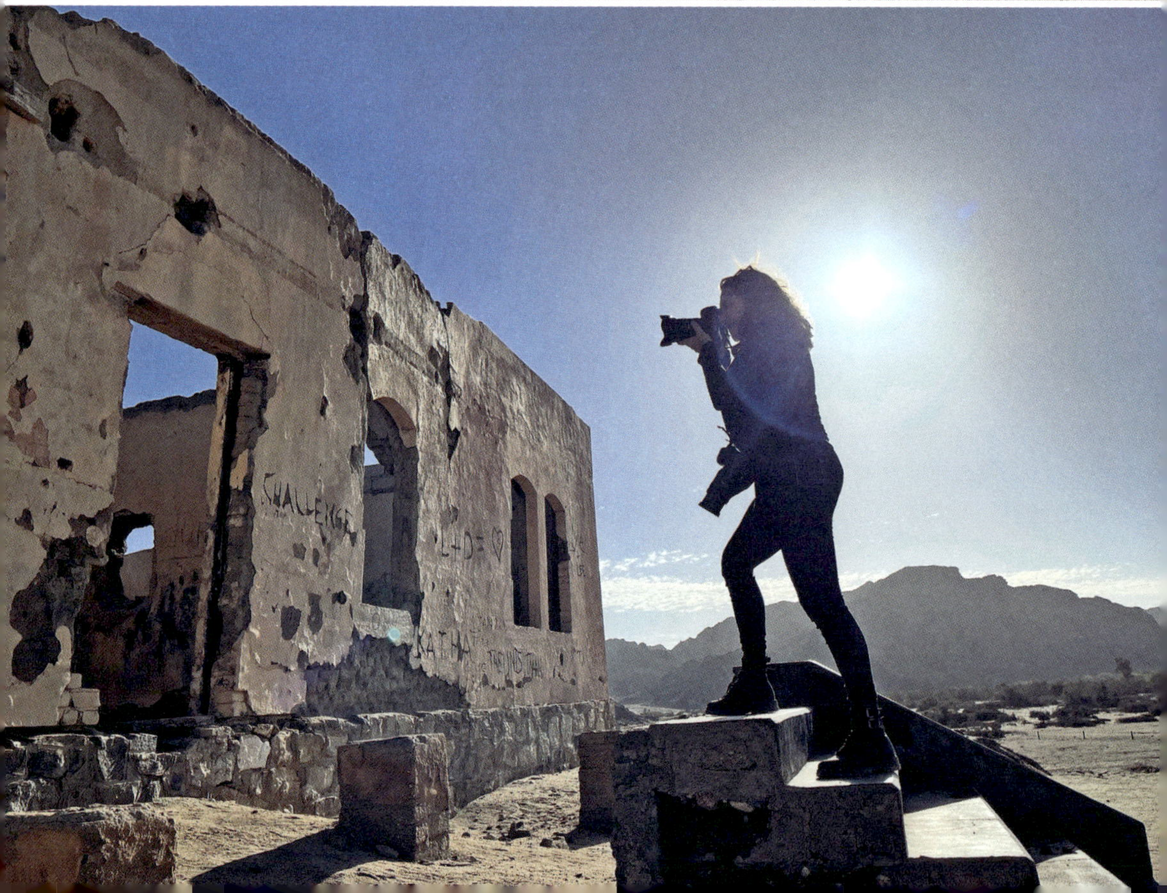
CHALLENGE

Die Oase im Moon Valley

WO DIE SCHLICHTHEIT
INSPIRIERT

Es gibt eine Gegend in Namibia, die heißt Moon Valley, Tal des Mondes. Und in dessen Herzen liegt die Goanikontes-Oase, ein Ort voll mystischem Charme. Die Oase ist unser heutiges Etappenziel, mit nur 168 Kilometern von Ai Aiba aus liegt sie sozusagen fast ums Eck. Dementsprechend genießen wir erst einmal ein ausgiebiges Frühstück auf Ai Aiba, bevor wir uns am späten Morgen von Coenie und seinem Team verabschieden und uns aufmachen zu unserer Reise zum Mond.

Die Landschaft des Moon Valley ist nahezu surreal, und es besteht kein Zweifel, warum dieses Gebiet so benannt wurde. Fast fühlt es sich an, als würden wir hineinfahren in eine völlig andere, unserem Planeten gänzlich fremde Welt. Eine Welt von bizarrer Schönheit. Um mehr zu entdecken von diesem faszinierenden Lunarkosmos, biegen wir ab von der Schotterpiste und begeben uns

für mehr als zwei Stunden auf eine 4x4-Exploration durch das faszinierende Nichts. Die Berge schillern in tausenden Grauschattierungen – oder sind es Brauntöne? Wir sind wie verzaubert. Die Kargheit dieser Gegend ist magisch.

Irgendwann treffen wir auf die Goanikontes-Oase, inmitten der grauen Mondlandschaft sticht sie mit ihrem satten Grün als Zentrum des Lebens deutlich hervor. Heute hier zu übernachten reizt sowohl Carolyn als auch mich enorm. Aber zuerst heißt es einchecken – doch das ist einfacher gesagt als getan. Denn vor der Rezeption steht ein Zebra, und das lässt uns nicht vorbei.

Eine der ungewöhnlichsten Landschaften Namibias ist das Tal des Mondes – verhältnismäßig unbekannt, aber gleichermaßen faszinierend und ein wahres Offroad-Paradies.

Wie wir alsbald herausfinden, heißt die Kleine Suzi und ist ein sieben Monate altes Waisenjunges, das vom Sohn der Besitzerin der Oase in einer dramatischen Aktion aus dem Bauch des nur Minuten zuvor verstorbenen Muttertieres gerettet wurde. Wochenlang war nicht klar, ob es das kleine Fohlen überhaupt schaffen würde, seine Chancen standen nicht gut. Aber alle haben gemeinsam gekämpft und Suzi hat gekämpft, und so steht heute ein stolzes, kräftiges Zebra-Mädchen vor uns.

Suzi hat eindeutig ihren eigenen Kopf. Außer ihrer menschlichen Mama René (Besitzerin von Goanikontes) sowie der Zweit-Mama Jeanette (Rezeptionistin von Goanikontes) darf die stolze Teenagerin nämlich kaum jemand anfassen, aber das ist okay,

schließlich handelt es sich nach wie vor um ein wildes Tier. Einem Zebra überhaupt so nahe zu kommen ist alleine schon einmalig.

Die herzliche Jeanette gibt uns besonders schöne Zimmer, und so beziehe ich an diesem ungewöhnlichen Nachmittag in der Oase auf dem Mond ein kleines Häuschen mit Balkon, während Carolyn direkt nebenan in einem steinernen Iglu unterkommt. Das Wort außergewöhnlich trifft es, glaube ich, ganz gut.

Nachdem wir beide ein wenig gearbeitet haben, fahren wir erneut hinaus in die Mondlandschaft. In der Nähe der Oase gibt es eine alte Ruine, genau der richtige Ort für ein Abendessen. Alles hier scheint auf ein Minimum reduziert: das verfallene Gebäude, die vegetationsarme und monotone Landschaft – ja selbst unser sehr einfaches Picknick. Zugleich liegt gerade darin für uns eine besondere Ästhetik und ein großer Reiz. Und so stehen wir im warmen Licht der sich verabschiedenden Sonne und genießen erneut eine Mahlzeit, die in ihrer Schlichtheit und gleichzeitig Besonderheit kaum zu überbieten ist. ◼

Suzi lässt sich sehr gerne von Carolyn mit Karotten füttern.
Jeanette de Klerk, Zweit-Mama von Suzi erzählte: »Meine Enkelin schrieb einen Schulaufsatz von ihrer Oma auf dem Mond, die ein Zebra als Haustier hat. Die Lehrerin glaubte ihr kein Wort, bis die Kleine Beweisfotos mitbrachte«.

>> Wahre Schönheit entfaltet sich dann,
wenn man die Kraft der Kargheit erkennt.

Mit *Zebra Suzi* auf Wanderung

Irgendwie habe ich mich in Suzi verliebt, sie geht mir auch nach unserer Abreise aus der Oase nicht aus dem Kopf. Aber erst einmal muss ich mich konzentrieren. Um ins nahe gelegene Swakopmund zu kommen, haben wir nämlich nicht die Schotterpiste gewählt, sondern die Geländepassage durch den ausgetrockneten Swakop-Fluss. Und so sehr mir das Geländefahren Freude bereitet, eine gewisse Konzentration erfordert es doch. Gerade weil ich von einer früheren Reise weiß, wie tückisch der Sand im Flussbett sein kann und wie schnell man mit seinem Allradfahrzeug hängen bleiben kann. Wobei – auch das wäre nicht das Ende der Welt. Wir haben schließlich Sandbleche dabei und können auch den Reifendruck allemal noch ein wenig herunterlassen. Und so gebe ich

zwar verantwortungsvoll, aber dennoch sehr fröhlich Gas. Gott, habe ich einen Spaß an dieser Art der Fahrerei! Und wie bin ich froh, dass Carolyn so eine unkomplizierte und fröhliche Beifahrerin ist!

In Swakopmund angekommen, folgt erstmal der obligatorische Besuch des im 50er-Jahre-Charme hängen gebliebenen »Café Anton«, das so stilsicher diese Facette der deutschen Vergangenheit Namibias repräsentiert (siehe S. 213). Zwar finden sich im ganzen Land deutsche Restaurants, deutsche Cafés, deutsche Brauereien, deutsche Speisekarten, deutsche … was auch immer man sich vorstellen mag. Aber in Swakopmund ist die deutsche Kolonialgeschichte in Architektur und Esskultur nach wie vor besonders präsent. Eine heiße Schokolade, ein Stück Schwarzwälder Kirsch und eine Nussecke später sind wir vorerst durch mit der Heimatnostalgie und schlendern entspannt durch die Straßen des kleinen Küstenstädtchens.

Vom oft nebeligen, aber angenehm kühlen Swakopmund zur Goanikontes-Oase im Herzen des Moon Valley sind es nur knapp vierzig Kilometer, dennoch ist dies eine Reise in eine komplett andere Welt.

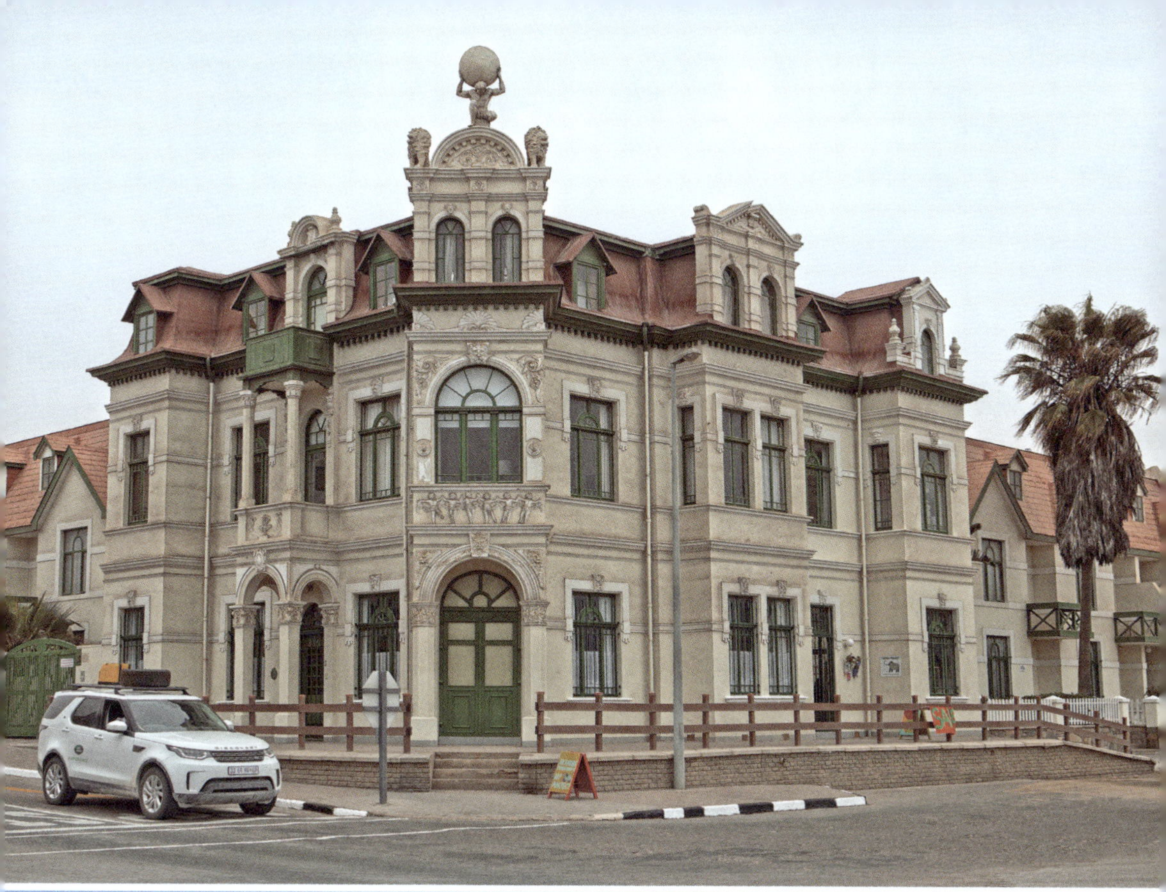

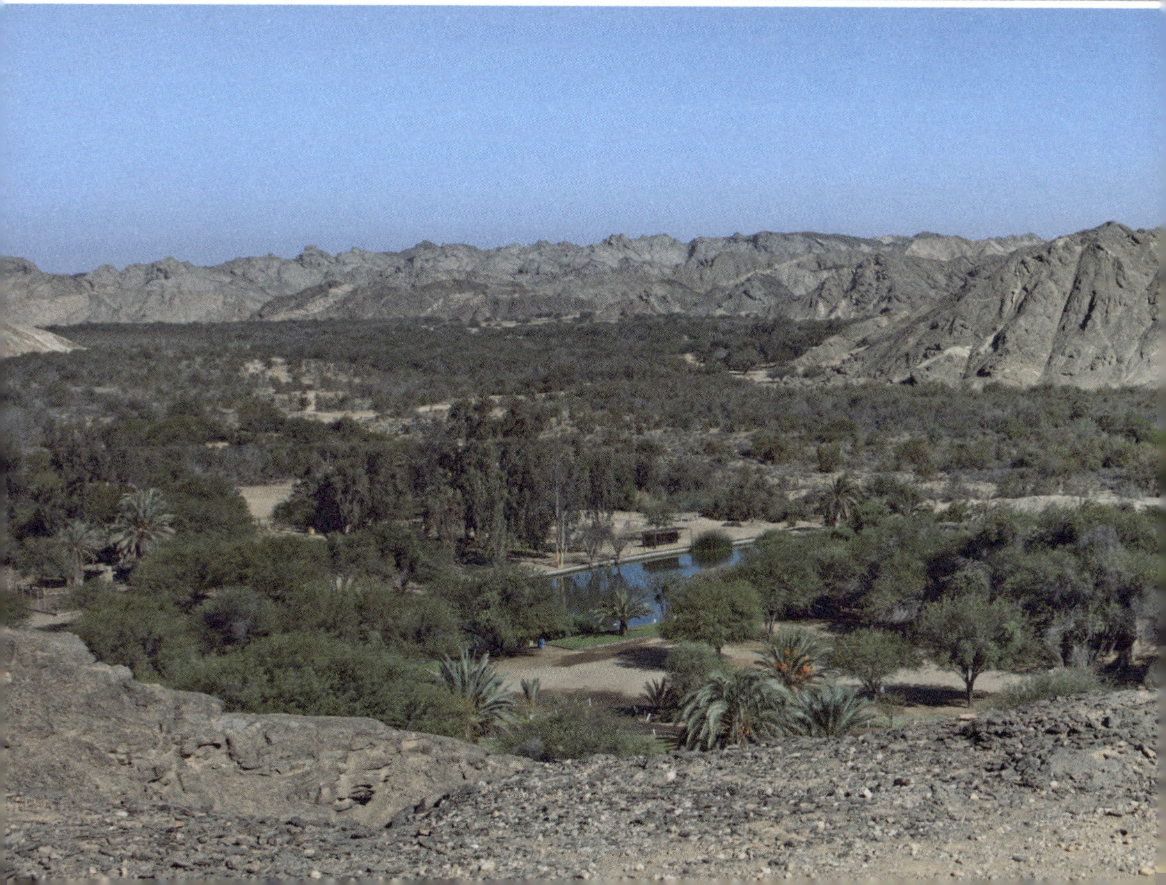

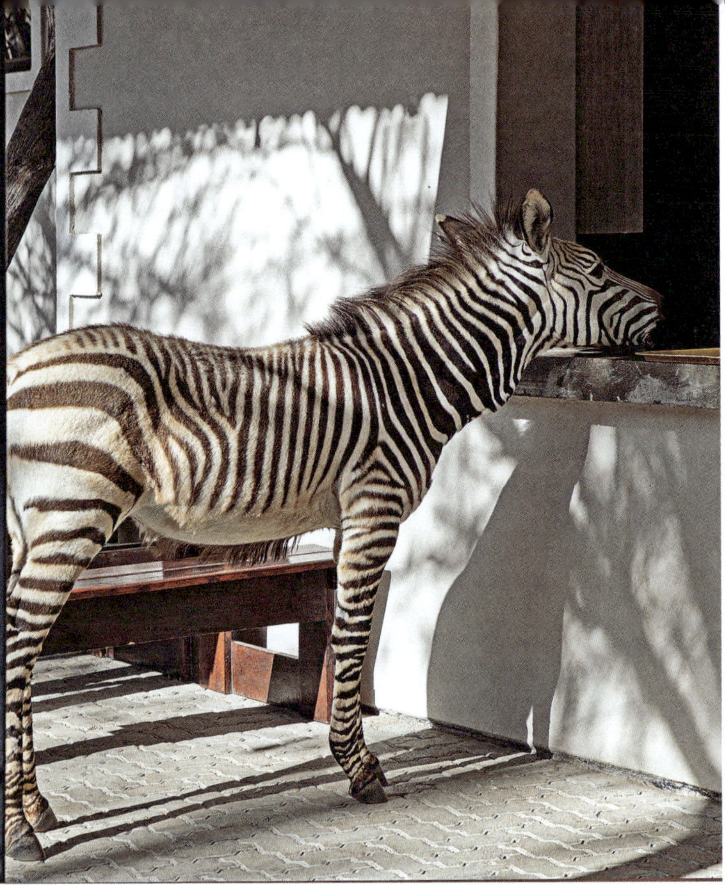
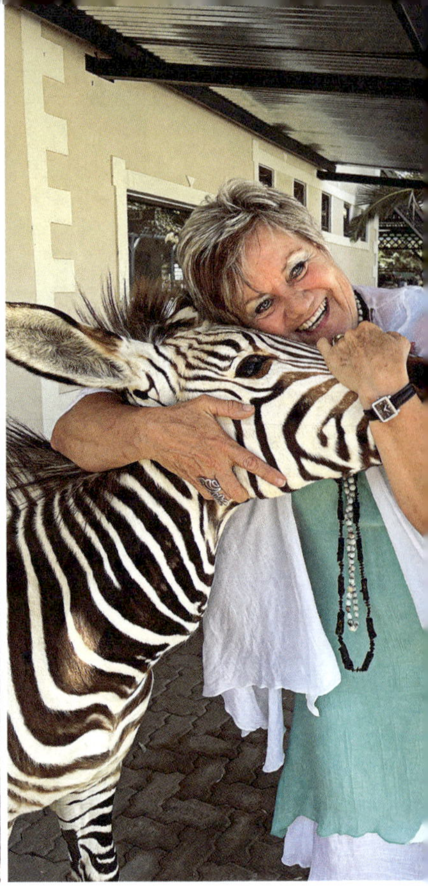
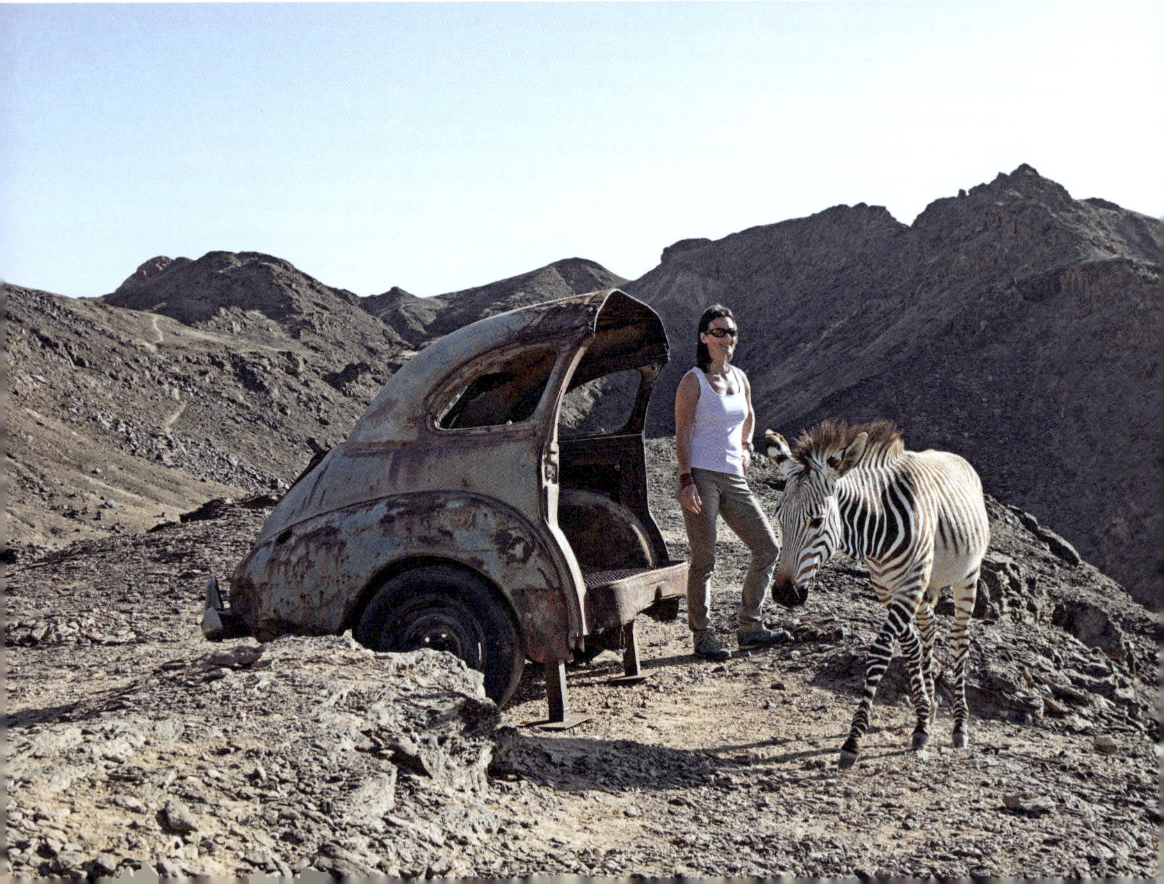

Recht kalt ist es hier. Wie eigentlich immer.
Uns ist es fast zu frisch, aber die Namibier
lieben Swakopmund genau dafür. Für viele ist
der Ort eine beliebte Wochenend-Destinati-
on – als Kontrast zur Hitze des namibischen
Busches.

Ich denke immer noch an Suzi und würde zu gern noch mehr erfahren von diesem
wunderschönen Tier. Außerdem habe ich im
Internet ein Foto gesehen – von Suzi neben
einem alten Auto auf einem Berg, mit Blick
über die Oase. Da will ich hin! Jeanette hatte
uns vorsichtshalber die Telefonnummer
von René gegeben, und so rufe ich sie nach
kurzer Abstimmung mit Carolyn einfach an.
Wir unterhalten uns ein wenig, ich erzähle
der freundlichen Dame, wer wir sind, was
wir machen und wie begeistert wir von ihrer
kleinen Suzi sind. Und dass ich so gern ein
Foto von uns und dem Zebra an besagter Stelle hätte, für uns – und für unser Buch. René
ist eine Frau der Tat und fackelt nicht lange
herum. »Könnt ihr heute Nachmittag noch
einmal kommen? Ich bin noch in der Stadt,
aber in zwei Stunden wieder in der Oase,
dann könnten wir gemeinsam mit meinem
Suzi-Kind in die Berge gehen.«

Gemeinsam mit ihrem Suzi-Kind in die
Berge gehen … wie Musik klingen die Worte in meinem Ohr. »Carolyn, ist es okay für
dich, wenn wir noch mal zurückfahren? Wir
können mit Suzi auf Tour gehen!« So begeis-
tert-flehend-affirmierend wie ich klinge, hat
sie kaum eine Wahl. Aber auch Carolyn hat
sich ganz schön in die Kleine verguckt, und
so begeben wir uns nur wenige Stunden nach
unserer Abreise erneut auf die Fahrt zurück
ins Moon Valley. So ist das eben. Wenn man
im Leben besondere Momente erleben
möchte, muss man sich dafür einsetzen, auf
Menschen zugehen, Verbindungen aufbauen
und durchaus auch mal ein paar Kilometer
Umweg auf sich nehmen.

Unsere Tour mit René und ihrem Suzi-Kind
ist so surreal wie die Kulisse, vor der sich
diese außergewöhnliche Wanderung dreier
Menschen mit einem Bergzebra zuträgt. René
und Suzi sind ein eingespieltes Team, fast
täglich gehen die beiden in die Berge, damit
die Kleine lernt, sich souverän in ihrem natürlichen Habitat zu bewegen. Mir gegenüber
ist Suzi leider ein wenig vorsichtig – bockig ist

Eine Wanderung mit einem Bergzebra
inmitten des Tal des Mondes ist so
außergewöhnlich, dass sie eigentlich
noch nicht einmal auf eine klassische
Bucket-List passt.

vermutlich das bessere Wort. Carolyn jedoch hat sie alsbald mit ein paar Karotten so weit um den Finger gewickelt, dass man von einer freundlichen Co-Existenz und friedlichen Annäherung sprechen kann. In jedem Fall sind die Minuten, die Momente mit diesem so elegant-eigenwilligen Tier und ihrer inspirierenden Menschen-Mama genau das, was ich als unvergessliches Erlebnis bezeichnen möchte. Eine Wanderung mit einem Bergzebra – welch unübertreffliches Geschenk.

Gegen Spätnachmittag dann lädt uns René ein, gemeinsam mit ihr zu den schönsten Stellen dieser spektakulären Landschaft zu fahren, dem funkelnden Strahlen der untergehenden Sonne entgegen, in ein Universum aus Leichtigkeit und Kraft. Da René bei uns ist, komme ich in einen ganz besonderen Genuss: Sie fährt das Auto und ich sitze oben auf dem Dach, den Wind in den Haaren, das Herz wieder frei. ◼

Foto-Shooting mit einem halbzahmen Model oberhalb der Oase im Tal des Mondes. Und anschließend eine Offroad-Tour auf dem Dach des Land Rovers, hinein in den Sonnenuntergang … *That's what dreams are made of.*

> » *Ein Zebra aufzuziehen klingt vermutlich sehr romantisch, aber es ist vor allem eines: extrem zeitintensiv!*

René Baard, Mama von Zebra Suzi

» Wer im Leben besondere Momente erleben möchte, sollte lernen, die Initiative zu ergreifen.

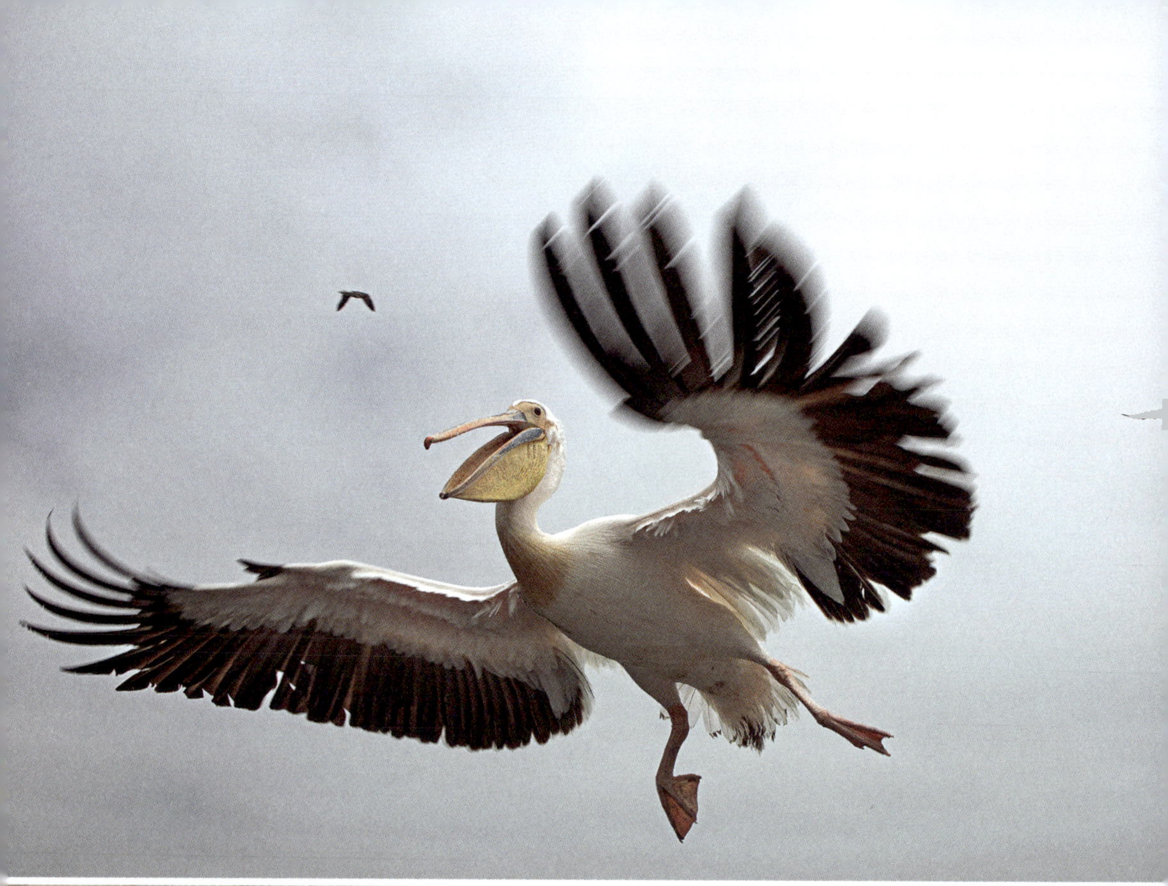

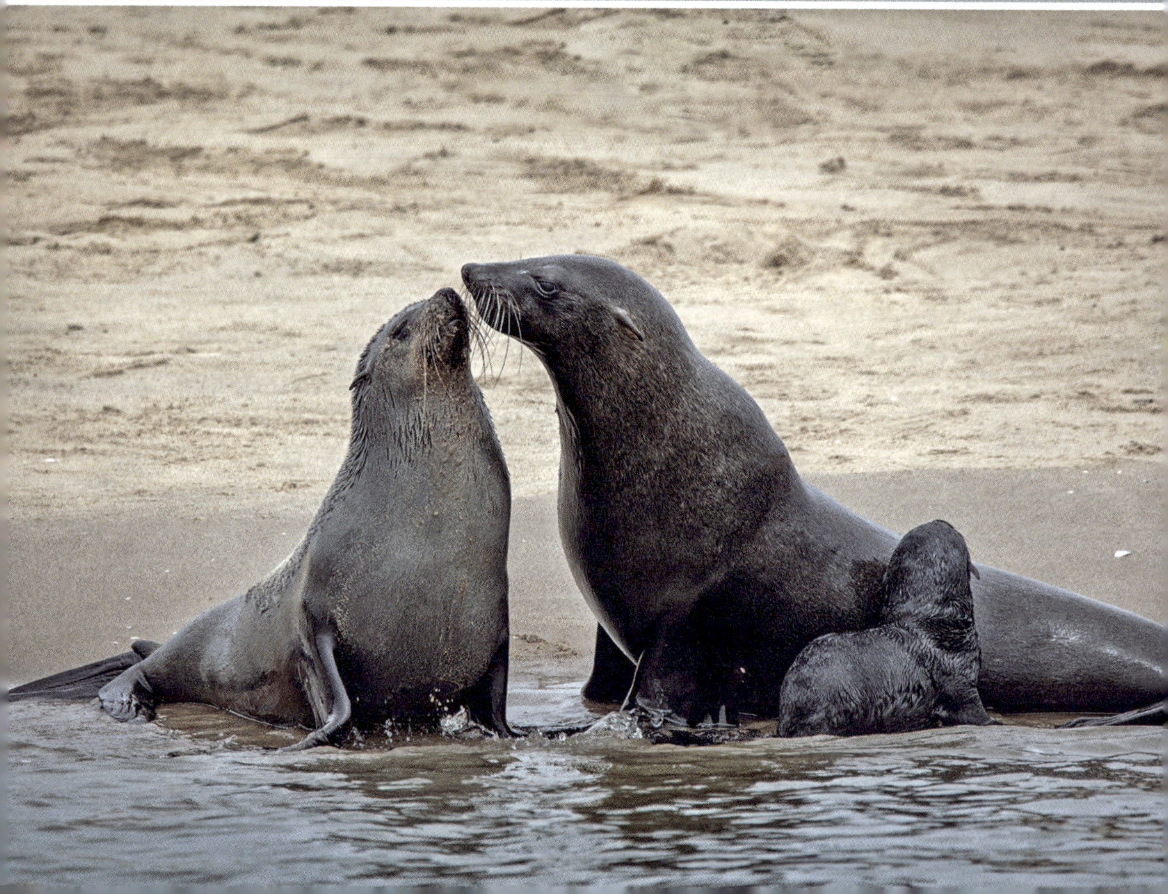

Tanz der Giganten

WO DER ATLANTIK DIE
NAMIB KÜSST

Die Gegend um Swakopmund ist bekannt dafür, dass hier der wild tosende Atlantik die majestätische Wüste Namib küsst. Zwei Giganten unterschiedlicher Art, geeint durch ihrer beider Unendlichkeit. Durch ihre Weite, ihre Kraft und die Gewissheit, im Grunde unbezwingbar zu sein. Wir möchten beide näher kennenlernen und begeben uns an diesem Tag auf eine Reise hinaus aufs Meer, gefolgt von einer Fahrt tief in die Sandweite der Namib hinein.

Unser Katamaran steht bereit – genau wie die Pelikane, die uns am Pier mit neugierig-frechen Blicken begrüßen. Na gut, dann übernimmt eben heute ein geflügelter »Mitarbeiter« die Begrüßungszeremonie. Dass dies nicht die einzigen Tiere auf Tuchfühlung bleiben werden, ist uns sehr bald bewusst. Denn kaum setzt sich unser Boot in Bewegung, springt auch schon eine kleine Robbe an Bord. Ganz flink kommt sie (oder er?) auf uns zu und fordert ihren morgendlichen Frühstückssnack. So funktioniert also der Deal: Der Skipper verteilt großzügig gefro-

renen Fisch, dafür zeigen sich die Tiere den Touristen aus nächster Nähe. Wobei es wohl nur vereinzelte Robben sind, die auf die Boote kommen und diese Art der symbiotischen Win-win-Beziehung eingehen. Aber nicht nur die Robbe fordert ihren Anteil, die Pelikane sind in ihrem Verlangen ähnlich resolut. Mit geöffneten Riesenschnäbeln geben sie uns eindeutig zu verstehen, wo der Fisch ihrer Ansicht nach am ehesten landen soll.

Swakopmund ist bekannt für seine kühlen Temperaturen, einer der Hauptgründe, weshalb der kleine Ort bei Namibiern besonders beliebt ist.

Namibia ist auch am und auf dem Wasser ein wahres Paradies für Tiere aller Arten und Farben. Auch für bekennende
Tierliebhaber – selbst wenn ein Pelikan auf dem Kopf doch
etwas gewöhnungsbedürftig ist.

Flamingos verdanken ihre rosa Färbung den Krebstieren,
die diese Feinschmecker so gerne verzehren. ▼ ▼

Der weitere Verlauf des Vormittags auf See gestaltet sich kalt, aber sehr abwechslungsreich. Zu Austern mit Champagner sehen wir Bottlenose Dolphins (Große Tümmler), die riesige Robbenkolonie am Pelican Point, einen einzelnen, völlig verlassen wirkenden Pinguin, ein altes Boot, das zur Brutstätte für Kormorane umfunktioniert wurde, etliche Bohrinseln, die auf Reede liegen, um hier in der Gegend gewartet zu werden, verwaiste Schiffe, die auf bessere Zeiten warten, Austernfarmen und unzählige Robben, die fröhlich im kalten Wasser spielen und keinerlei Sorgen zu kennen scheinen auf dieser Welt.

Nach Kühle und Wasser heißt es ab in die Wüste, in die Wärme und die Weite der Namib in ihrer grenzenlosen Pracht. Wir sind mit Wanjo verabredet, dem lokalen Mitarbeiter der Land Rover Agentur APS. Allein in die Wüste zu fahren wäre verantwortungslos,

dafür kennen wir uns in diesem Terrain einfach viel zu wenig aus. Mit zwei Autos, der offiziellen Genehmigung und einem Einheimischen an der Seite ist aber alles gut und der Fokus liegt damit ganz auf Spaß, Fahrfreude, Fotos, Sand und noch mehr Spaß.

Unsere kleine Wüsten-Expedition startet mit einer kilometerlangen Fahrt entlang des endlosen Strandes hinter der Salzmine in Walvis Bay. Rechts der tosende Atlantik, links die ersten Ausläufer der gigantischen Namib und auf dem kleinen Strandstreifen dazwischen zwei weiße Land Rover und drei Menschen mit einem riesigen Lächeln im Gesicht.

Am Rande der mächtigen Namib, dort, wo der wilde Atlantik die Wüste küsst, hat der Mensch eine in rot-weiß schillernden Tönen glänzende Salzgewinnung angelegt.

Kurz vor dem historischen Sandwich Harbour geht es hinein in das Meer aus Sand. Jetzt sind wir in der Namib – einer der bekanntesten und ältesten Wüsten der Welt!

Um uns herum ist schon bald nichts mehr als Sand, Sand und noch mehr Sand. Obwohl vermeintlich alles gleich aussieht, hat doch jede Düne ihren eigenen Charakter, ihre eigene Eleganz. Wir lernen Schritt für Schritt, die goldenen Giganten zu lesen. Zu verstehen, auf welcher Seite es sicher ist, sie zu erklimmen, und an welchen Stellen Vorsicht geboten ist. Das Fahren in der Wüste macht unglaublich viel Spaß! Gerade das Heraufklettern auf die Dünen, die Überschreitung der spitzen Kämme wie auch das vorsichtige Heruntergleiten auf den oft höllisch steilen Rückseiten ist ein echter Kick. Selbst das gelegentliche Steckenbleiben, Ausbuddeln und gegenseitige Herausziehen ist Teil eines jeden 4x4-Abenteuers im Sand, und wir finden es an diesem aufregenden Nachmittag einfach toll.

Die unendliche Weite der Namib ist schlichtweg imposant, und so bleiben wir in regelmäßigen Abständen stehen, steigen aus, lassen den Wind durch unsere Haare wehen und blicken in die Ferne – fasziniert von der Dimension dieser Wüste, ihrer Schönheit, ihrer Anmut und ihrem goldenen Schein. ◼

Die Namib ist die älteste Wüste der Welt, eine der »großen Sandwüsten« und von überwältigender Schönheit. Das Ablassen des Reifendrucks vergrößert die Auflagefläche erheblich und gibt im Sand den nötigen Grip.

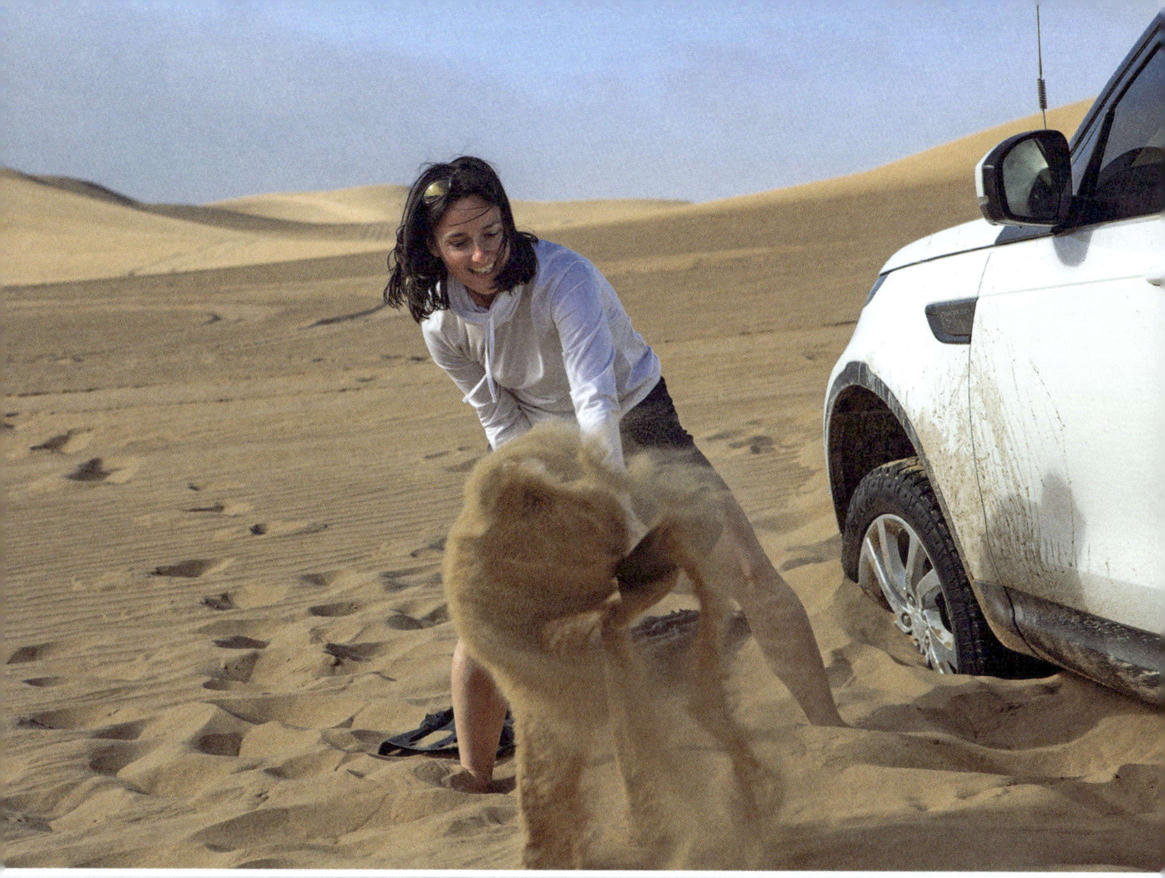

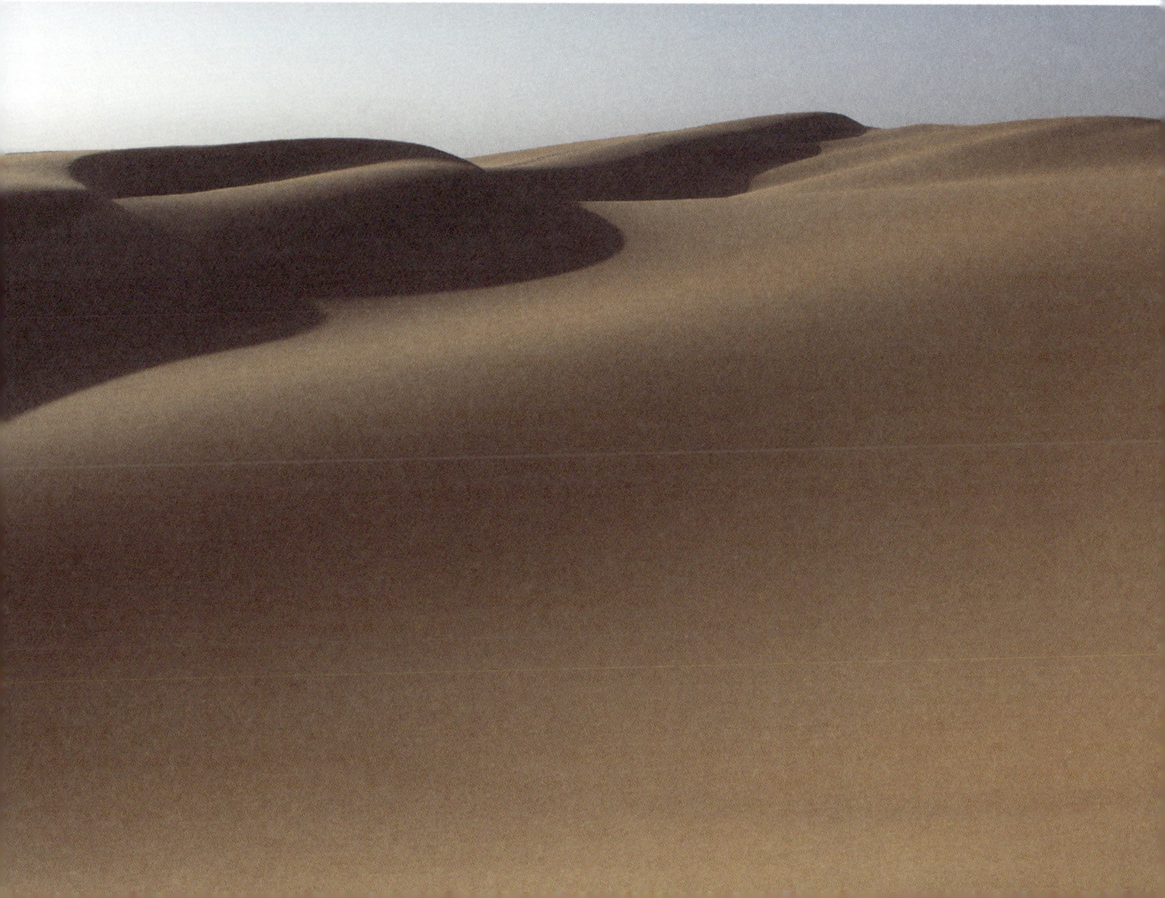

Sandboarding ist ein unglaublicher Spaß! Auch wenn es
enorm anstrengend ist, mit dem Bord unter dem Arm die oft
weit über hundert Meter hohen Dünen zu erklimmen.

» Lebe im Jetzt, spiele wie ein Kind und freue dich von Herzen an den wundervollen Momenten, die du erleben darfst.

Sossusvlei im Sonnenuntergang

WO BESONDERE MOMENTE
DAS ERGEBNIS PRÄZISER PLANUNG SIND

Die Offroad-Fahrt durch die Wüste und am Strand war phänomenal. Aber Salz ist bekanntlich nicht des Autos bester Freund, und so beginnen wir den heutigen Tag mit einer ausgiebigen Session in der lokalen Auto-Waschstation. Das Rundum-sorglos-extra-Unterboden-Salz-weg-Superprogramm soll es sein. Über eine Stunde dauert die Schrubberei – danach können wir sicher sein, dass kein bisschen Salz mehr an unserem liebgewonnenen Discovery nagt. Für mich ist das einfach eine Frage des Respekts. Aber genug davon.

Jetzt heißt es nämlich: Auf zum besten Apfelkuchen Namibias! Den gibt es seit jeher in dem winzigen Örtchen Solitaire, das bei Besuchern wegen eben jenes Kuchens und wegen seines Vintage-Charmes so beliebt geworden ist. Der Ort macht seinem Namen alle Ehre, und so gibt es in Solitaire nicht viel mehr als eine Tankstelle, ein Restaurant, ein paar historische Autowracks, Erdmännchen und weniger als hundert offizielle Einwohner. Während der Coronazeit ist Solitaire sogar noch einsamer, noch verlassener. Neben einem Wagen voller französischer Schweizer und der Dame hinter dem Tresen sind wir die einzigen menschlichen Wesen weit und breit. Das sonst so belebte Restaurant ist zu. Die Bäckerei ist zu. Lediglich die Tankstelle und der kleine Coffeeshop haben geöffnet. Aber das Wichtigste: Es gibt ein Blech Apfelkuchen. Wir genießen jeweils ein Stück, füttern die Erdmännchen mit ein paar Nüssen und sind wieder weg.

Next stop Sesriem, das offizielle Tor zu Sossusvlei, einem der spektakulärsten Orte Namibias. Dort angekommen, registrieren wir uns im Office des Namib-Naukluft-National-parks und bezahlen die Gebühr für unseren Aufenthalt.

Namibia ist ein Offroad-Paradies und ein Land, in dem ein 4x4 voll zum Einsatz kommt. Tanz oder Kampf, die Erdhörnchen sind gesellige Familientiere.

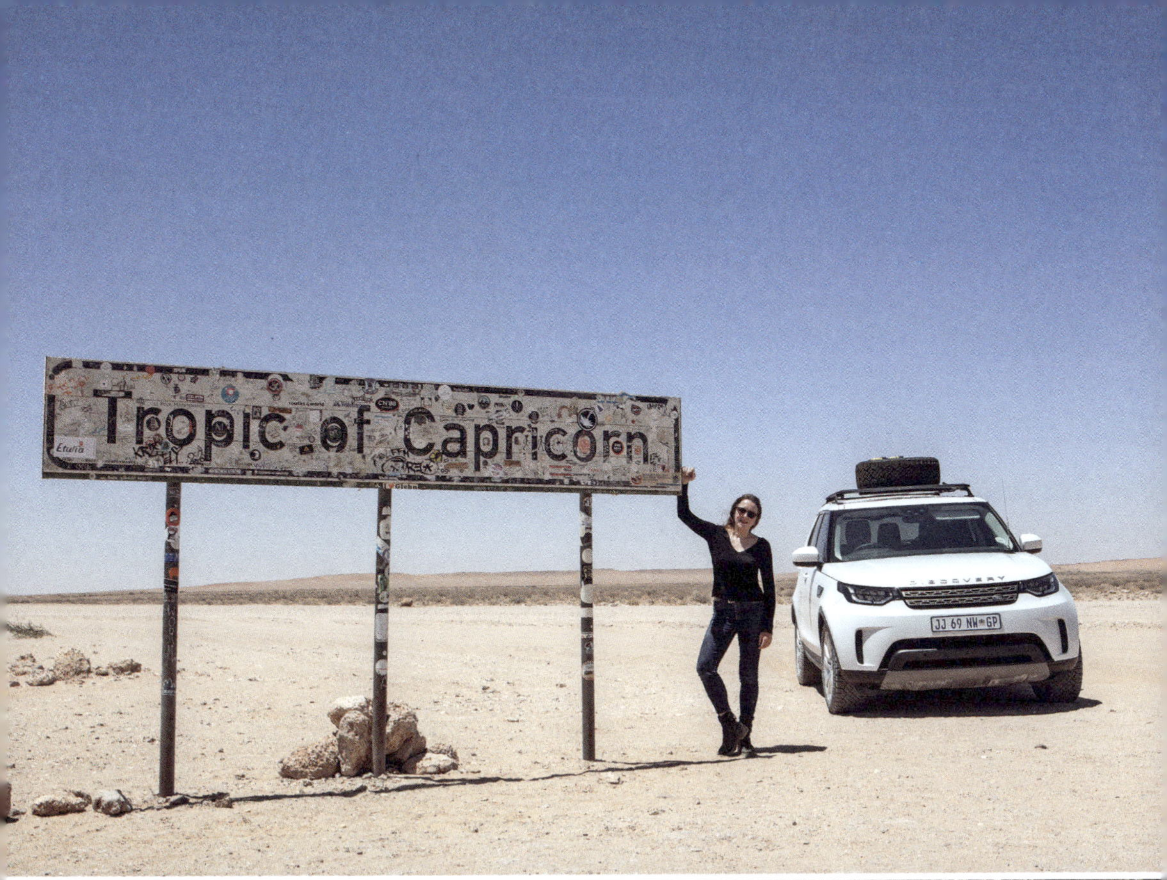
Tropic of Capricorn
JJ 69 NW GP

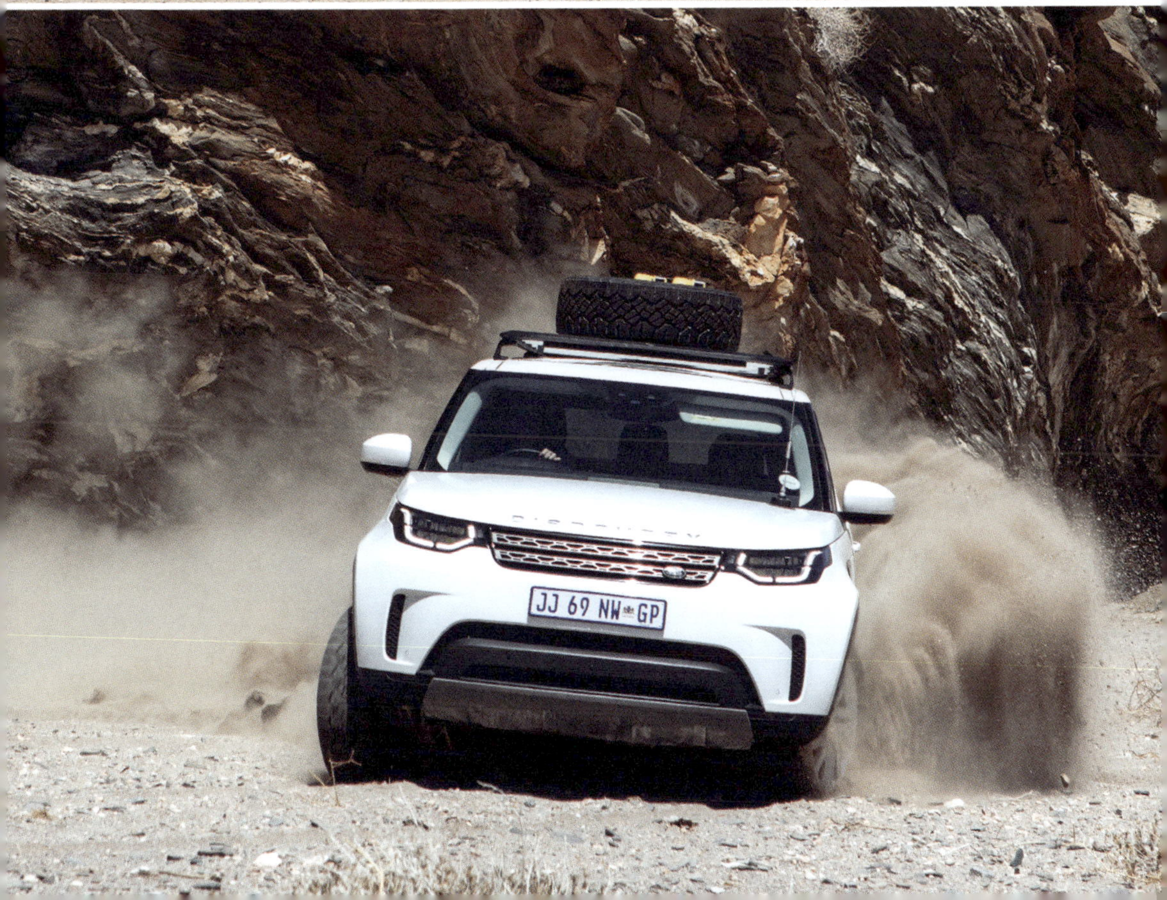
JJ 69 NW GP

Wir übernachten in der einzigen Lodge innerhalb des Parks. Nur so ist es möglich, den Sonnenauf- wie auch den -untergang in der 60 Kilometer entfernten Salz-Lehm-Pfanne erleben und im besten Licht fotografieren zu können; wer außerhalb der Schranke übernachtet, darf erst rein, wenn die Sonne bereits aufgeht und muss weit vor Sonnenuntergang wieder raus. Die Sossus Dune Lodge ist eine der besten in dieser Region und die luxuriösen Safari-Zelt-Bungalows haben echten Charme. Was man vom Service und Essen leider nicht behaupten kann, aber was soll's. Wir können zwei der begehrten »Zimmer« buchen und kommen damit jederzeit ins Vlei – und dafür sind wir schließlich hier. Manchmal muss man besondere Erlebnisse einfach gezielt planen und organisieren, damit sie auch gelingen.

Offiziell heißt die Hauptpfanne Deadvlei, doch international ist dieser bemerkenswerte Fleck Erde mit seinen ausgedörrten Kameldornbäumen als Sossusvlei bekannt, und so bleiben auch wir bei diesem Namen. Eingerahmt wird das Vlei von einigen der höchsten Dünen der Welt – mit um die 350 Meter Höhe sind sie vor allem eines: imposant. Gegen Spätnachmittag, gerade als das Licht seinen goldenen Glanz zu entfalten beginnt, brechen wir auf. Von der Lodge aus fahren wir eine gute halbe Stunde in den Park hinein, weiter kommen wir selbst mit dem Allradwagen nicht.

Viele der Farmen sind so viele tausend Hektar groß, dass das Errichten und Pflegen der zum Schutz der Tiere angebrachten Zäune oft schnell die Summe für mehrere Mittelklassewagen verschlingt.

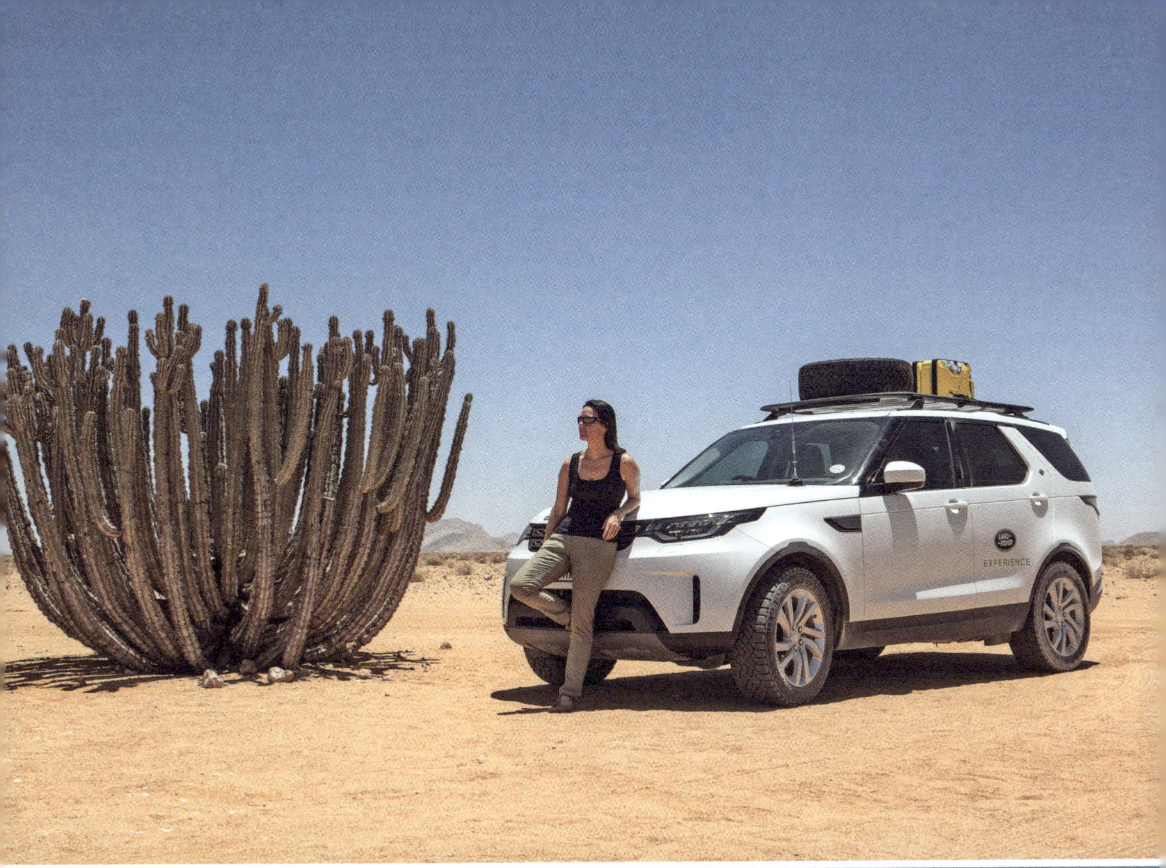
EXPERIENCE

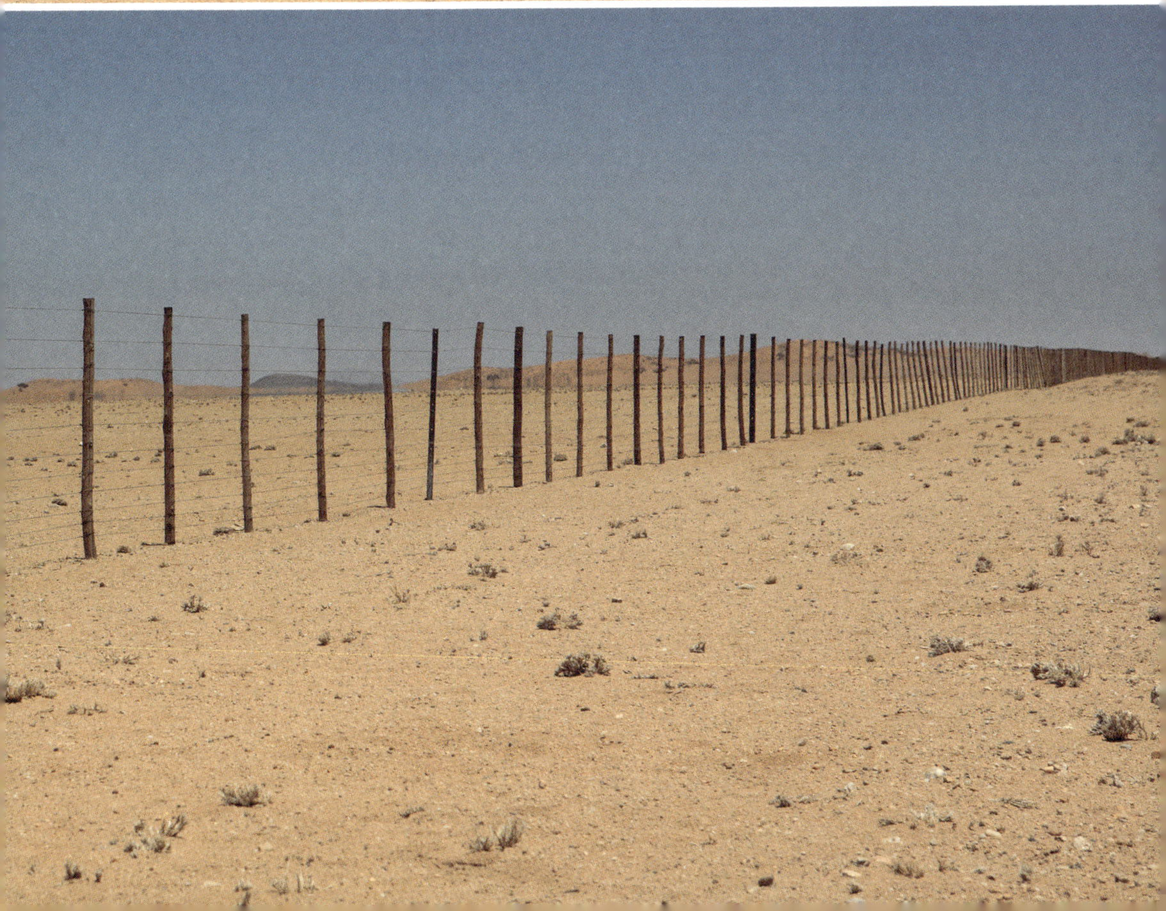

» **Unforgettable Experiences ergeben sich meist nicht von alleine. Um wirklich besondere Momente zu erleben, ist es oft wichtig, bewusst zu planen und konkret umzusetzen.**

Den letzten Kilometer geht es zu Fuß über ein paar flache Dünen zum Vlei. Dann sind wir da – und die Schönheit Sossusvleis öffnet sich uns in ihrer vollkommenen Magie. Zu Recht gilt dieser Ort als eines der Wahrzeichens Namibias. Die rund 700 Jahre alten, längst abgestorbenen Kameldornbäume stehen meist noch aufrecht, da sie aufgrund der enormen Aridität nicht zerfallen. Sie erscheinen uns wie imposante Türöffner zu einer längst vergessenen Welt.

Neben uns sind zu dieser Zeit nur drei andere Menschen hier, doch schon bald sind wir völlig allein. Allein an einem der eindrucksvollsten Orte der Welt. Wir genießen den Moment. Das Erleben. Die Schönheit. Die Einsamkeit. Die perfekte Stille, die uns ohne einen einzigen Laut von dem Zauber der Wüste Namib erzählt. Als die Sonne schließlich hinter den Dünen untergeht, läuft ein kleiner Schauer meinen Rücken hinab. Wenn man ganz genau hinhört, legt sich über die Stille der Wüste das sanfte Flüstern des goldenen Sonnenuntergangs: Genau so fühlt sich ein vollkommener Augenblick an. ▪

Sossusvlei bei Sonnenuntergang ist etwas ganz Besonderes. Nur wer die Nacht im Nationalpark verbringt, kann diesen überwältigenden Ort zur goldenen Stunde erleben.

» Selbst im Alter und der Dürre liegt
eine oft unerwartet graziöse Schönheit.

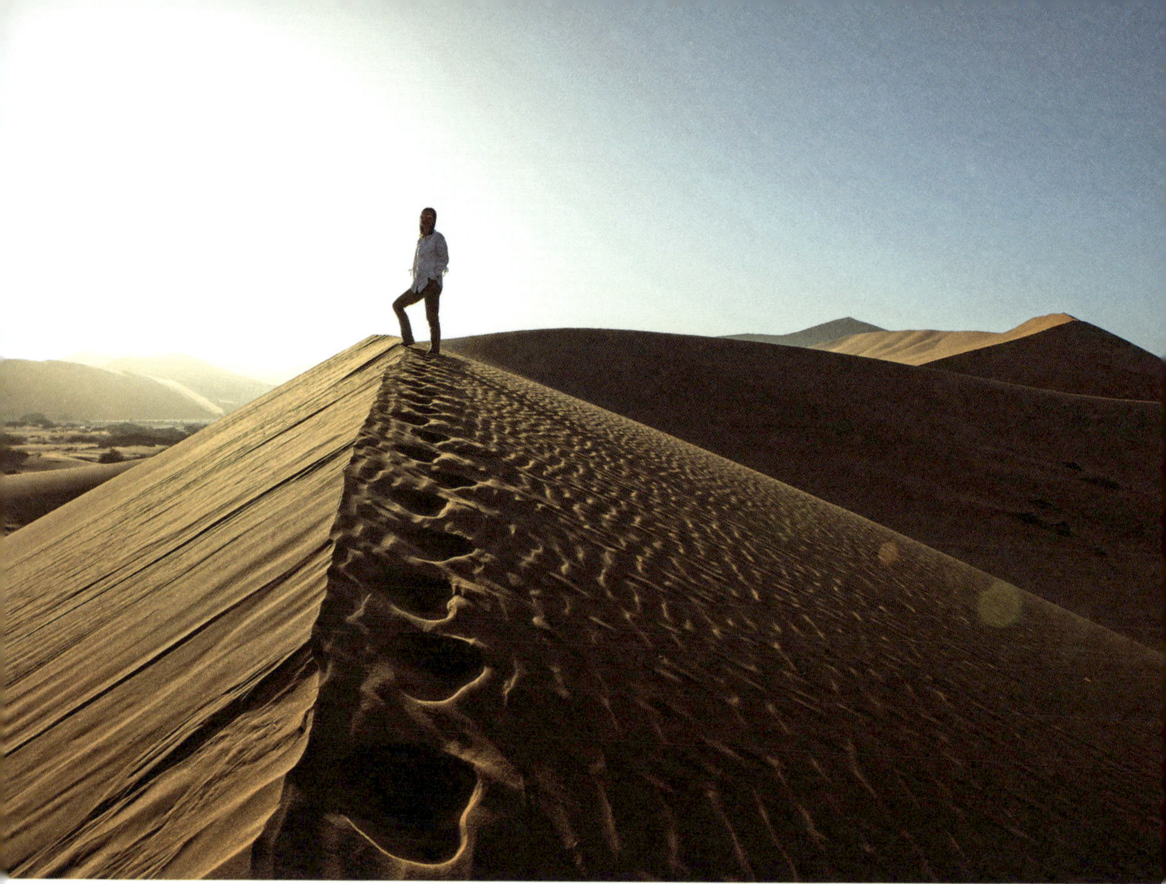
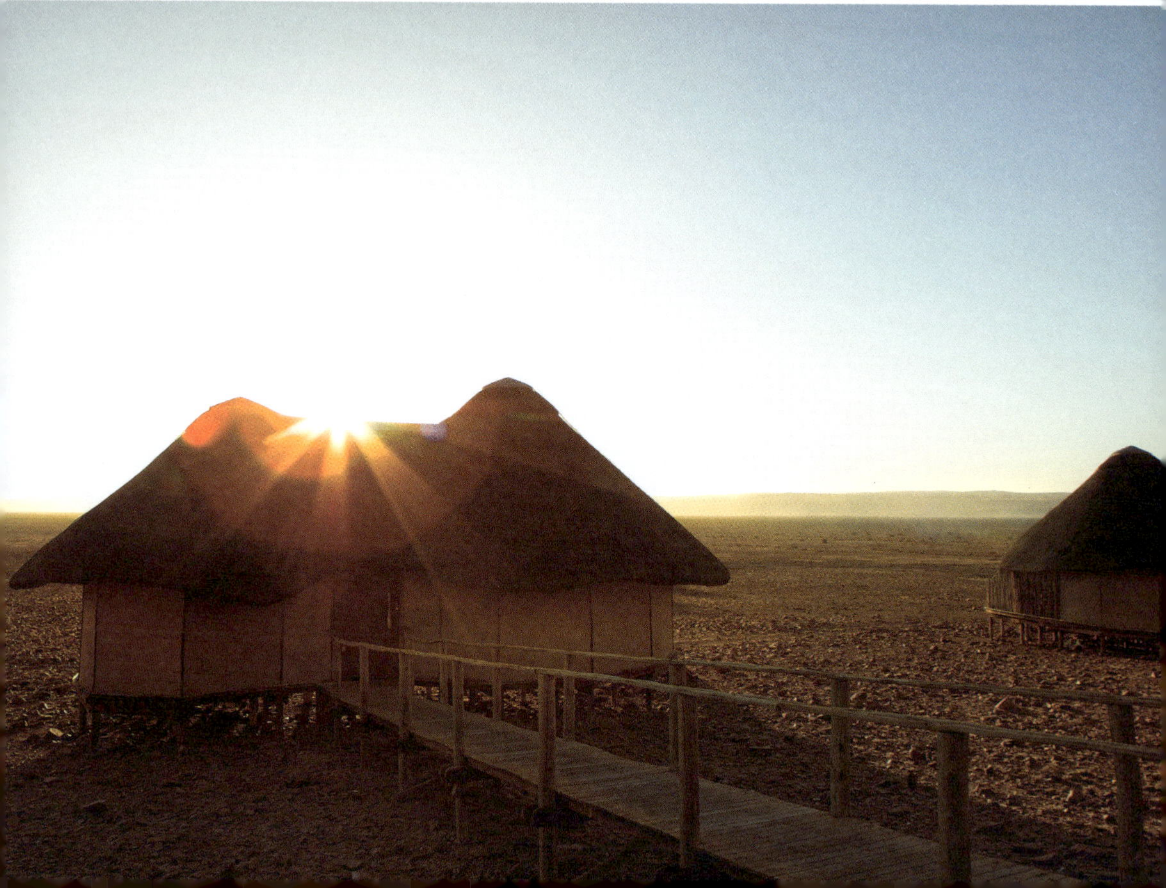

Wasser für den Schakal

WO WENIGER DURCHAUS MEHR
BEDEUTEN KANN

Das Gute an der Wahl unserer Unterkunft ist, dass wir weit vor Sonnenaufgang nach Sossusvlei fahren dürfen. Das Schlechte an der Wahl unserer Unterkunft ist, dass wir das jetzt auch tun sollten. Natürlich freue ich mich sehr auf den Sonnenaufgang im Vlei. Aber der Moment, als der Wecker mich aus der tiefsten Dunkelheit heraus anschreit, tut nach den langen und anstrengenden letzten Tagen einfach nur weh.

Die Morgenstimmung in Sossusvlei ist ganz anders als die gestern Nachmittag. Anders, aber vergleichbar ruhig, vergleichbar verzaubernd, vergleichbar schön. Statt in die Pfanne zu gehen, begrüßen wir den heutigen Tag von einer der Dünen aus, die Sossusvlei wie ein natürlicher Rahmen umgeben. Wir entdecken Spuren von Klopfkäfern, von Echsen und, wenn uns nicht alles täuscht, dann sogar die einer Seitenwinder-Schlange. Zwar bekommen wir keines der Tiere zu Gesicht, jedoch ist uns eines schnell klar: Die Wüste lebt.

Und wie die Wüste lebt! Zurück am Auto beschließen wir, erst einmal unser mitgebrachtes Frühstück zu essen. So zumindest die Idee. Aber soweit kommt es nicht. Gerade als ich die beiden belegten Schinkensemmeln aus dem Kofferraum hole, höre ich direkt neben mir ein lautes, nicht zu definierendes, erschreckendes, knurrend-bellendes Geräusch. Kaum einen Meter rechts von mir steht ein Schakal. Und blickt mich direkt an.

Carolyn: »Schönen Dank, lieber Schakal! Die Schale, in die du gerade direkt nach dem Trinken gepieselt hast, sollte meine neue Salatschüssel sein!«

Die Aussage in seinen Augen ist klar: »Die Schinkensemmeln gehören mir!« Keinen Moment zögere ich. Viel zu viel Respekt habe ich vor diesem wilden Tier. Und so geht an diesem Morgen unser Frühstück unfreiwillig an einen Schakal. Der schlingt das erste Brötchen in einem Bissen runter, mit dem zweiten läuft er davon.

Dann kommt er wieder. Sorry, aber mehr haben wir beim besten Willen nicht! Aber warte … wie wäre es mit ein wenig frischem Wasser? In der Wüste wirklich eine Rarität! Carolyn hatte sich einige Tage zuvor eine hölzerne Salatschüssel gekauft – der ideale Wassernapf für einen Schakal. Ob wir sie auf diese Weise »einweihen« sollen? »Na klar«, sagt Carolyn sofort und lacht. Also füllen wir

die Schale mit ein wenig Wasser und stellen sie ihm hin. Erst kommt er zögernd darauf zu, dann erkennt er, was darin ist. Gierig trinkt er ein paar Schluck, blickt uns unsicher an, trinkt weiter, blickt uns wieder an. Dann macht er einen Schritt nach vorne, zielt – und pieselt mit hundertprozentiger Treffsicherheit mitten in die Schale. »Schönen Dank, lieber Schakal. Die Schale sollte meine neue Salatschüssel sein!« Warum nur finde ich diesen Moment so viel lustiger als Carolyn? Aber zumindest ist ihre Schüssel nun ein echtes Unikat, und bald fällt sie in mein schallendes Gelächter ein.

Für den Rest des Tages haben wir noch etwas Tolles geplant: Sandboarden auf jener berühmten Düne, die bei jedem zweiten Namibiabuch auf dem Titel prangt. Diese besonders spektakuläre und äußerst fotogene Dune 45 liegt genau 45 Kilometer hinter Sesriem auf dem Weg nach Sossusvlei, deshalb heißt sie so, wie sie heißt.

Bereits vor unserer ersten Exkursion in die Namib hatten wir im Baumarkt »professionelle« Sandboards gekauft – dünne Sperrholzpatten mit glatter Oberfläche und Haltegriff. Um damit besonders schnell zu werden, nutzen die *locals* einen besonderen Trick: Cobra-Politur. Während ich also mein Board präpariere und bei relativ starkem Wind mühsam die steile Düne hinaufschleppe, stellt Carolyn schon einmal ihre Kamera ein.

Die omnipräsente Kraft und Stille der Namib hat eine zutiefst beruhigende Wirkung auf die Seele.

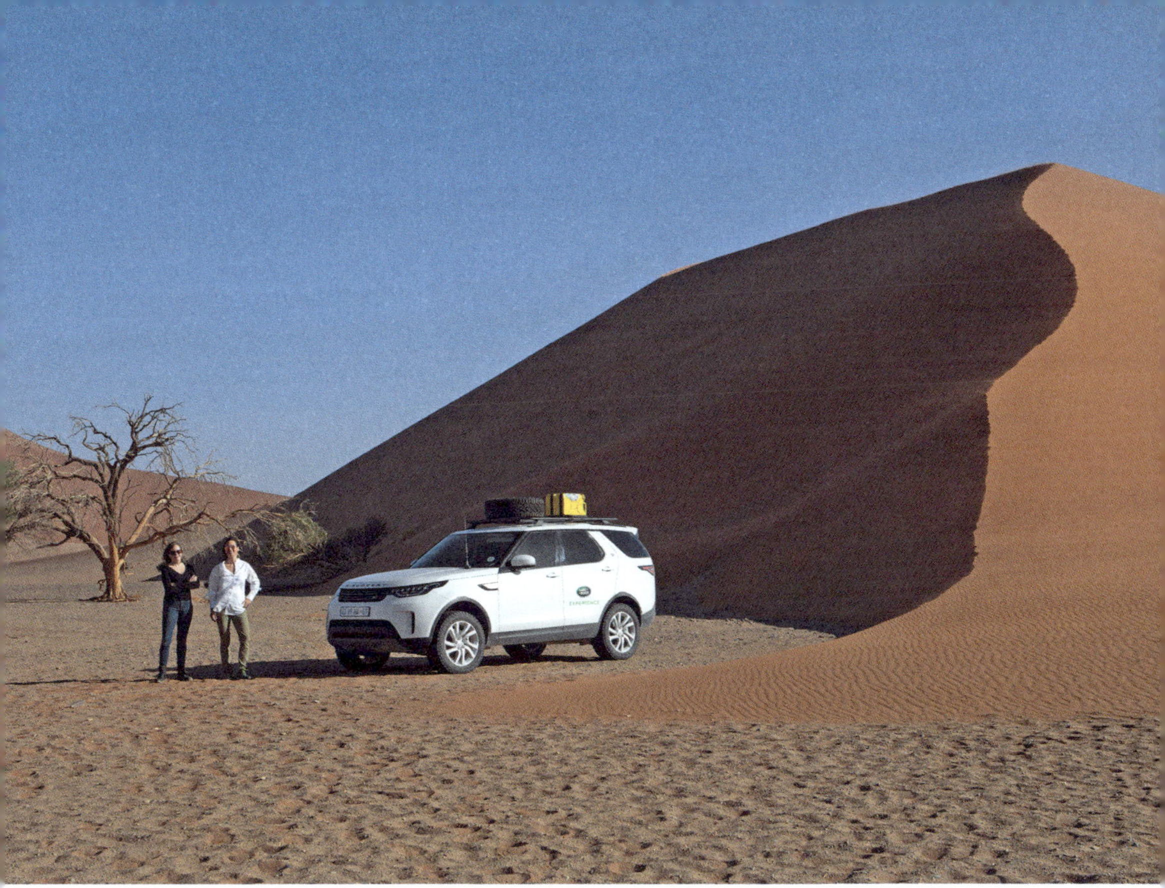

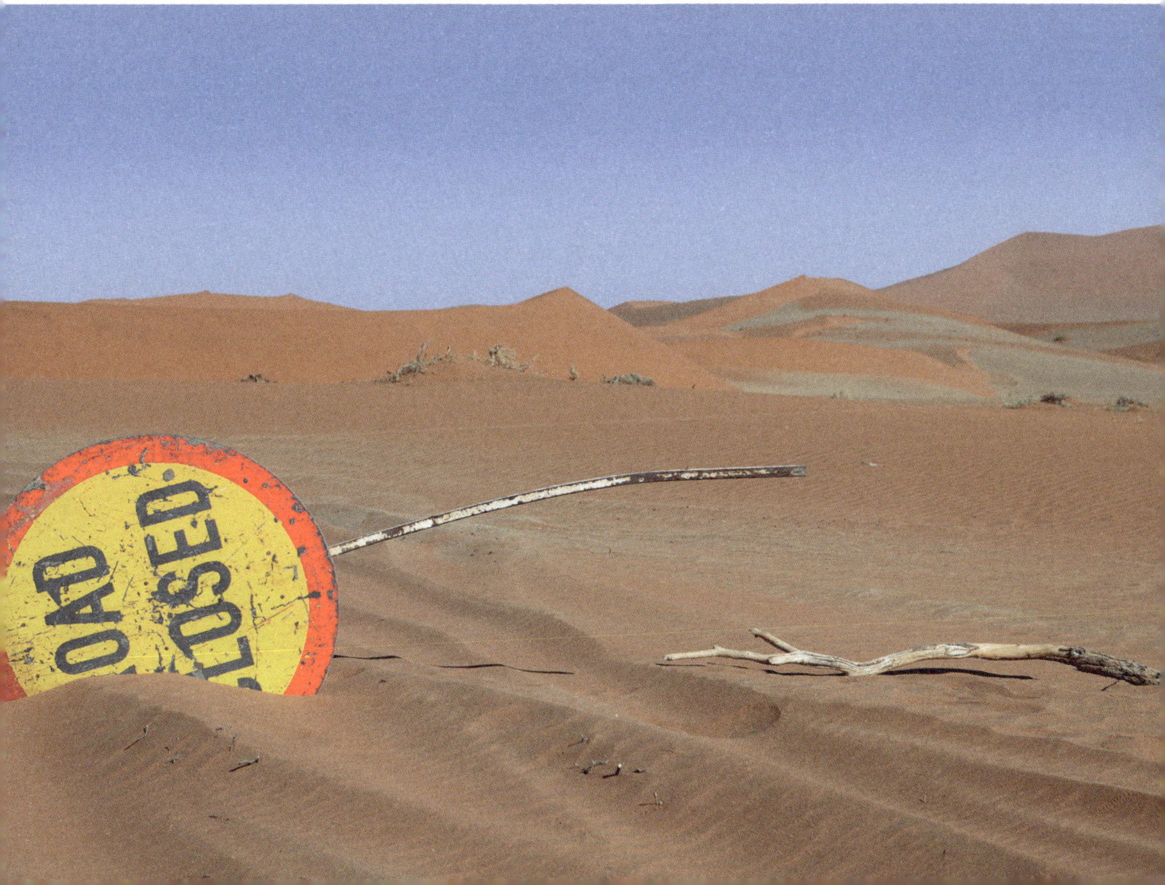
OAD
LOSED

meinem laut klopfenden Herz. Vorsichtig, wirklich äußerst vorsichtig lege ich das Board in den Sand und halte es auf zitternden Knien mit beiden Händen fest. Carolyn scheint in Position zu stehen – hoffentlich kriegt sie die Bilder hin! Noch einmal mache ich diesen Höllenritt ganz gewiss nicht.

Dann heißt es Zähne zusammenbeißen und durch. Ich schließe kurz die Augen, werfe mich auf das Board und bin bereit für den rasanten Ritt ins Tal. Ich spüre förmlich schon den Fahrtwind, die Geschwindigkeit, den Schmerz des Aufpralls … Doch wenn ich ehrlich bin, spüre ich nichts. Ich öffne die Augen und begreife, wo ich bin: Keinen Millimeter weiter als zuvor! Mein Brett steckt einfach nur fest. »Viel hilft viel« war in Bezug auf die Politur offenbar nicht die beste Strategie. Denn statt das Board besonders rutschig zu machen, habe ich eine höchst effektive Bremsschicht aufgetragen. Dahin ist unser spektakuläres Foto. Dahin mein Sandboarding auf der berühmten Dune 45. Weniger ist manchmal eben einfach mehr.

Aber vielleicht war es auf diese Weise sogar lustiger als geplant, denn wir lachen uns noch minutenlang über mein spektakuläres Scheitern fast tot. ◼

Wir rechnen beide mit einer rasanten Fahrt. Steile Düne, genug Cobra-Politur, genug Mut, da sollten schon ein paar dynamische Bilder herauskommen. Die Kamera ist auf jeden Fall auf entsprechend kurze Öffnungszeiten eingestellt.

Als ich oben bin, merke ich: Die Düne ist deutlich steiler und deutlich höher als gedacht. Ich habe gehörigen Respekt vor der Fahrt. Obwohl, eigentlich nicht vor der Fahrt an sich, vielmehr vor der Stelle, wo die Düne auf den harten Boden trifft. Von einer Auslaufzone kann beim besten Willen nicht die Rede sein. Wegen des starken Windes und der Distanz kann Carolyn mich nicht hören – ich bin alleine mit dem Board und

Cobra-Politur ist der Insidertipp für den besonders schnellen Ritt auf dem Sandboard – doch wie so oft im Leben kommt es auf die richtige Technik an.

» Viel hilft viel ist nicht immer die richtige Strategie. Manchmal ist im Leben weniger durchaus mehr.

Joseph und die Sand-Schieber

Es heißt Abschied nehmen von Sossusvlei, denn es geht weiter in den Süden Namibias. Unser Tagesziel ist das Küstenstädtchen Lüderitz, eine adrette kleine Hafenstadt, die ihre Entwicklung vor allem den enormen Diamantenfunden im nahe gelegenen Kolmannskuppe zu Beginn des letzten Jahrhunderts verdankt. Die Fahrt ist lang, und gegen Mittag verspüren wir das Bedürfnis, unsere Glieder zu strecken und irgendetwas zu essen, das nicht aus einer Chips- oder Kekstüte kommt. Der nächste Ort heißt Helmeringhausen – wie so viele Namen in Namibia ein Überbleibsel der kolonialen Vergangenheit. Laut Google ist es ein winziges Nest, viel zu erwarten haben wir wohl nicht. Wie man sich täuschen kann … Carolyn und ich sind sprachlos – und das meine ich wirklich so. Wir sind sprachlos, als wir wenig später im Helmeringhausener

Biergarten stehen, einer blühenden Oase inmitten des tristen Nichts, und mit den Worten »Herzlich willkommen!« in perfektem Deutsch begrüßt werden. Ob wir gern etwas essen würden, als heutige Spezialitäten hätten sie frischen Leberkäse mit Kartoffelsalat oder Rostbratwürste mit Krautsalat anzubieten. Wir sind baff. Carolyn gewinnt ihre Fassung schnell zurück und befindet sich alsbald in einer lebhaften Unterhaltung mit der Besitzerin Katja, einer tollen Frau, die in den 1990er-Jahren aus Berlin nach Namibia kam. Heute leitet sie mit ihrem Mann Björn das Hotel, die Guest Farm und den Biergarten in dem kleinen Ort. Generell fühle sie sich hier sehr wohl, aber Corona habe das Leben in dieser Ecke des Landes doch sehr einsam gemacht.

Meine Bratwürste sind extrem gut, doch ich muss zugeben, dass Carolyns Leberkäse fast noch besser schmeckt. Was für eine wundervolle Abwechslung zu den ewigen Snacks während der Fahrt. Nach dem Essen bietet uns

In Katjas Biergarten in dem verschlafenen Nest Helmeringhausen gibt es eindeutig den besten Apfelkuchen Namibias!

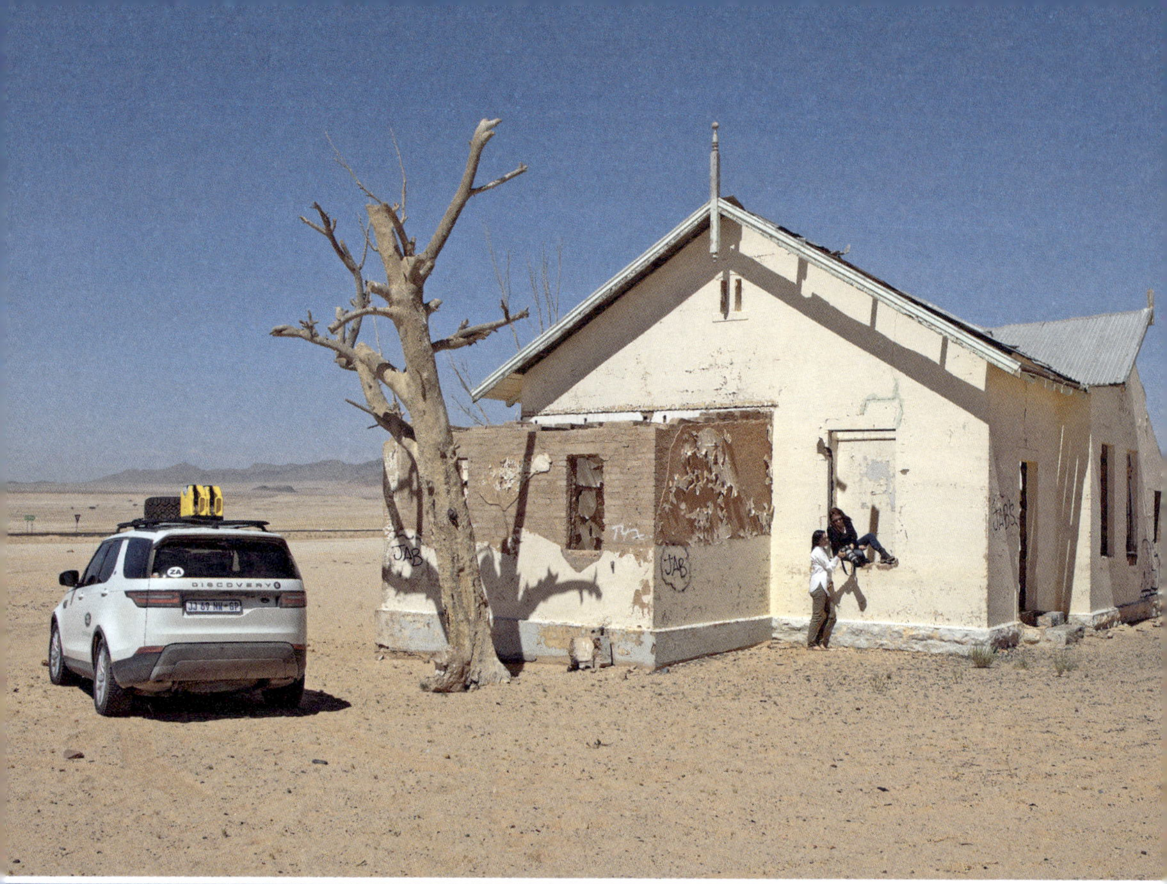
DISCOVERY
JAB
JAB

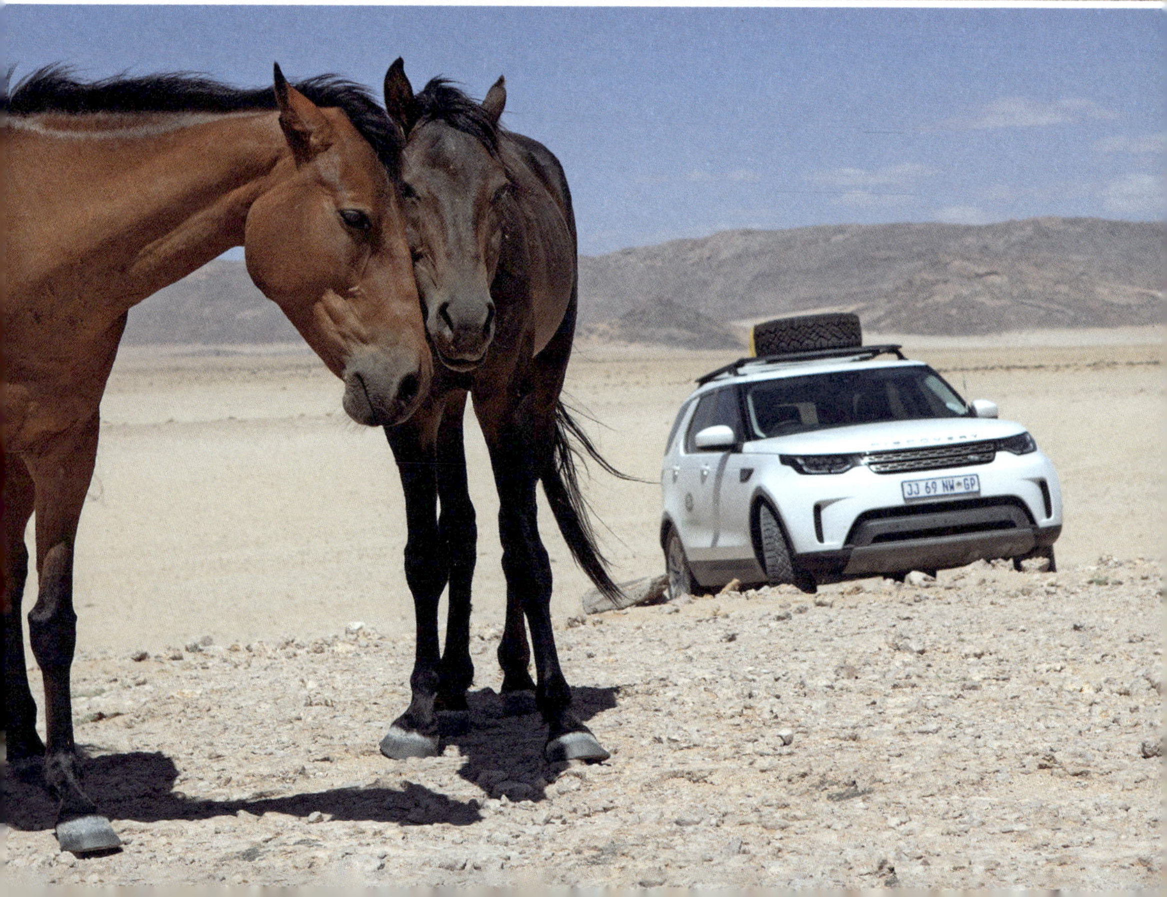
JJ 69 NW GP

der Kellner frischen Apfelkuchen an – angeblich den besten im Land. Schon wieder einer, der diesen Titel für sich in Anspruch nimmt? Aber ohne zu probieren, können wir nicht urteilen, und so wird eben noch ein Stück Apfelkuchen bestellt. Und in der Tat, der Helmeringhausener ist der beste Apfelkuchen Namibias! Ich liebe Solitaire, aber in diesem Fall geht die Medaille eindeutig an Katja und ihr Team.

Gesättigt und zufrieden fahren wir weiter. Der nächste Halt sind die Wildpferde kurz hinter dem Örtchen Aus, knappe 100 Kilometer vor Lüderitz. Nach den Bildern im Internet erwarten wir eine riesige Herde wilder Pferde mit flatternden Mähnen im Wüstenwind, kämpfende Hengste und spektakuläre Fotos. »Carolyn, get your cameras ready!« Was die Realität uns bietet, sieht allerdings etwas anders aus: Drei halbwegs zahme Pferdchen, die meditativ in der Hitze stehen und sich mit stoischer Ruhe von uns mit Karotten und Äpfeln füttern lassen. Auch das ist eine Erfahrung, wenn auch nicht annähernd so spektakulär wie erhofft.

Richtig tolle Bilder bekommen wir jedoch schon bald, und zwar an der historischen Bahnstation Garub. Wikipedia beschreibt das verwaiste Örtchen wie folgt: »Garub ist eine Quelle, ein Bahnhof und eine Geisterstadt.« Viel mehr ist es wahrlich nicht. Doch genau darin liegt der Charme, und gerade Carolyn genießt die Zeit, die wir hier verbringen und in der wir Fotos machen von den vergangenen Zeiten Namibias.

Die Wildpferde von Aus sind offenbar nicht in jeder Minute ihres Lebens wirklich »wild«.

Lüderitz befindet sich an den südlichen Ausläufern des Namib-Naukluft-Nationalparks, in der Gegend gibt es nach wie vor sehr viel Sand. Und so lernen wir auf der asphaltierten Staatsstraße B4 nach Lüderitz eine Berufsgruppe kennen, die es so nur äußerst selten gibt: die Sand-Schieber. Die Männer befreien die Fahrbahnen vom Sand, halten die Dünen mit Baggern im Zaum, verschieben Sandberge von rechts nach links und sichern damit die freie Zufahrt nach Lüderitz.

Ich bin total begeistert und schlage Carolyn vor, kurz anzuhalten und ein paar Bilder zu machen. So der Plan. Aber in dem Moment, als ich an den Straßenrand fahre, merke ich, dass meine Parkplatzwahl äußerst unglücklich ist: Der vermeintliche Straßenrand ist tiefster Sand, und so stecken wir innerhalb weniger Meter völlig fest. Peinlicher könnte unser Ankommen nicht sein. Gebt mir eine Schaufel und ich grabe mich ein! Ich hebe kapitulierend meine Hände und steige lachend aus. Einer der Männer kommt auf uns zu. Ob alles okay sei, will er wissen. Naja, außer dass ich mich gerade vor ihren Augen festgefahren habe und vor Scham am liebsten versinken würde, eigentlich schon.

Joseph ist ein Mann der Tat, und innerhalb nur weniger Augenblicke stehen nicht nur drei weitere Arbeiter, sondern auch ein Bagger für unsere Rettung aus dieser peinlichen Situation bereit. Was dieser Moment aber mit sich bringt, ist eine wunderbare Gelegenheit, mit den so herzlichen Arbeitern ins Gespräch zu kommen. Während wir gemeinsam den Wagen herausziehen, erzählen sie uns, dass sie jeden Tag hierher

kämen. »Die Wüste ist ein extrem zuverläs-
siger Arbeitgeber, sie hört nie auf, Sand auf
die Straße zu blasen. Damit haben wir alle
einen sicheren Job.« Sie mögen ihre Arbeit –
nur bei zu starkem Wind, da könnten sie
nicht raus. Als der Wagen befreit und ein
paar gemeinsame Bilder mit den fröhlichen
Männern geschossen sind, verabschieden
wir uns von unserem Helfer-Trupp. Gerade
weil sie nicht danach gefragt haben, stecken
wir ihnen ein großzügiges Trinkgeld zu. Sie
sind völlig überrascht und fallen in einen
munteren Freudentanz.

Unglaublich, wie eine derart verpfuschte
Situation so positiv enden kann. Wir werden
Joseph und die Sand-Schieber auf jeden Fall
für immer in Erinnerung behalten – solche
selbstlosen und herzlichen Menschen zu treffen, ist ein echtes Geschenk.

In Lüderitz angekommen, checken wir
im Cormorant House ein, unsere geräumigen
Zimmer haben direkten Blick auf die Lagune
und das im Abendlicht schillernde Meer. Wir
schlendern ein wenig durch die Straßen der
ruhigen Stadt, machen das obligatorische Foto
von der Kirche oben am Berg und genießen
eine riesige Pizza in dem urigen Restaurant
The Barrel. So kann ein Tag zu Ende gehen! ■

Die Begegnungen am Straßenrand sind
oft von überwältigender Herzlichkeit.

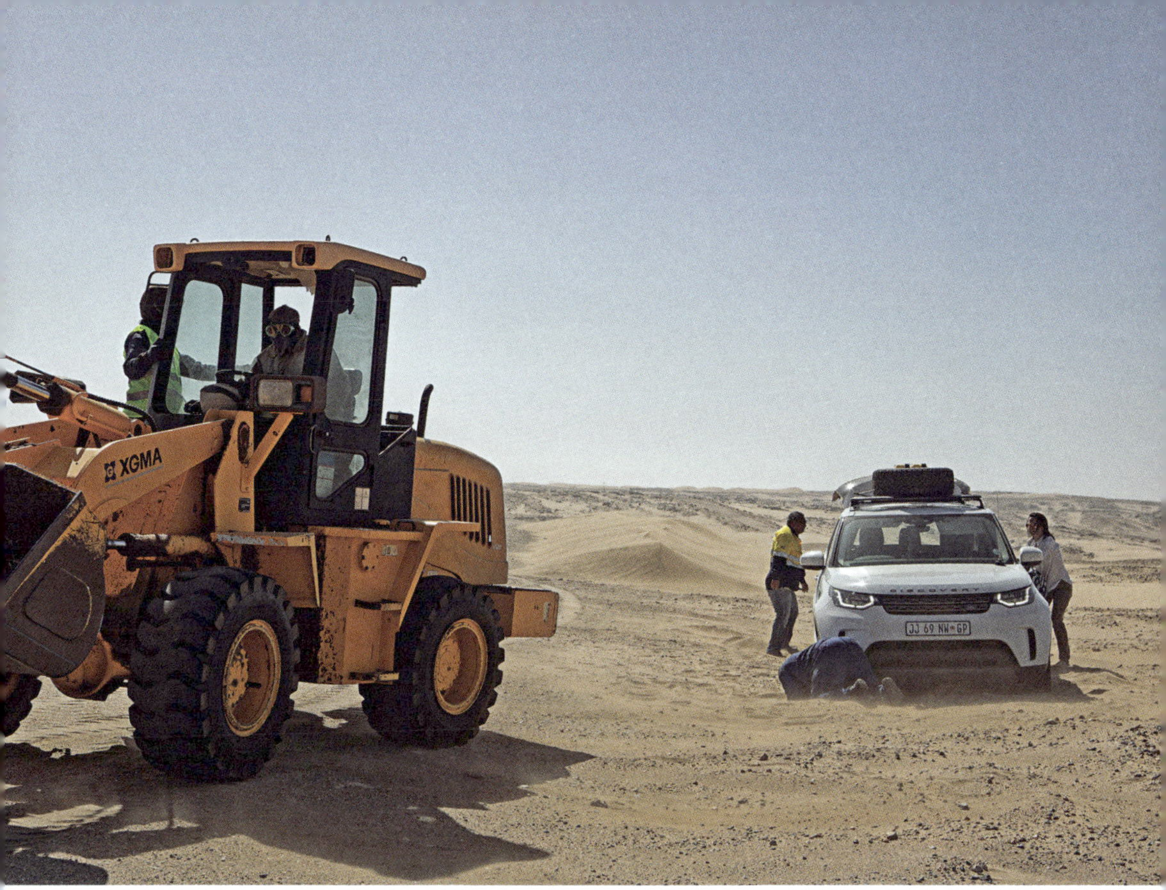
XGMA
DISCOVERY
JJ 69 NW GP

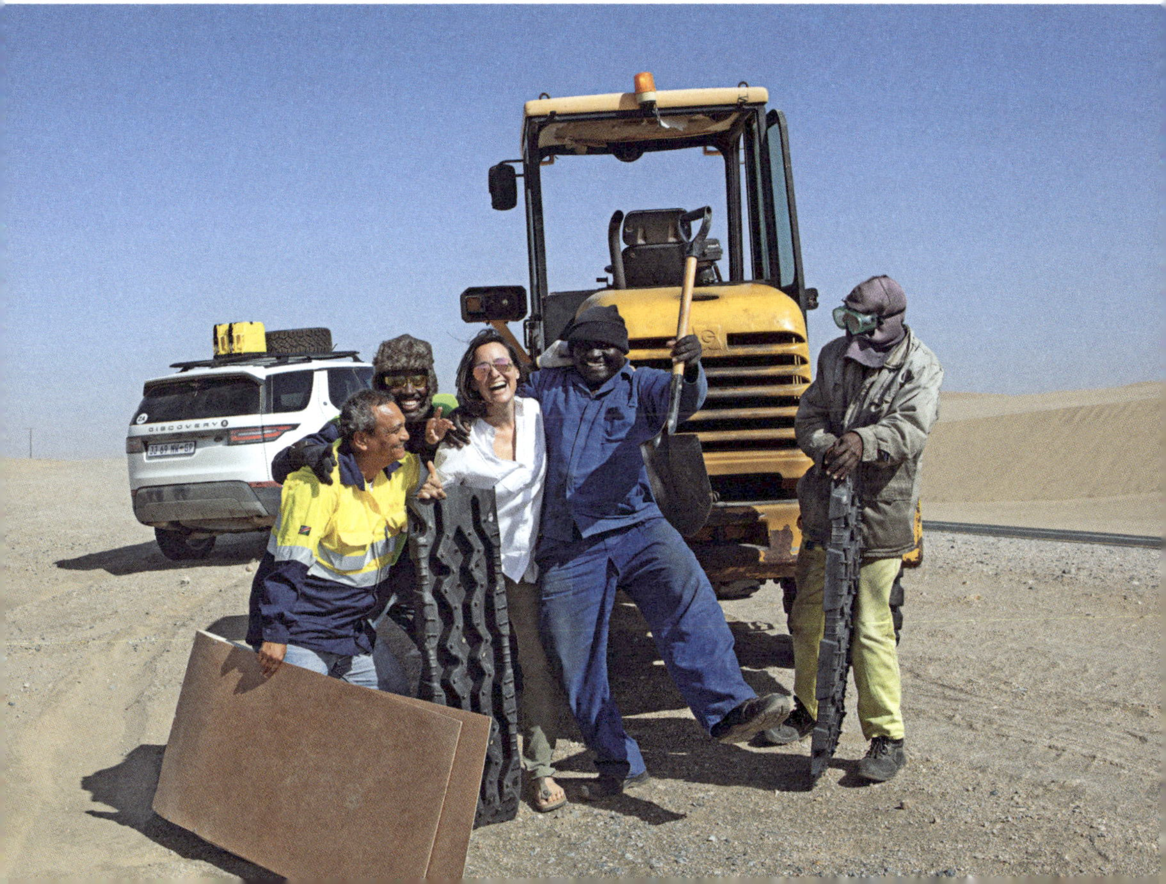
DISCOVERY

> Manchmal gehen Dinge im Leben schief. Die Kunst liegt darin, sich nicht zu ärgern, sondern einfach das Beste aus der Situation zu machen.

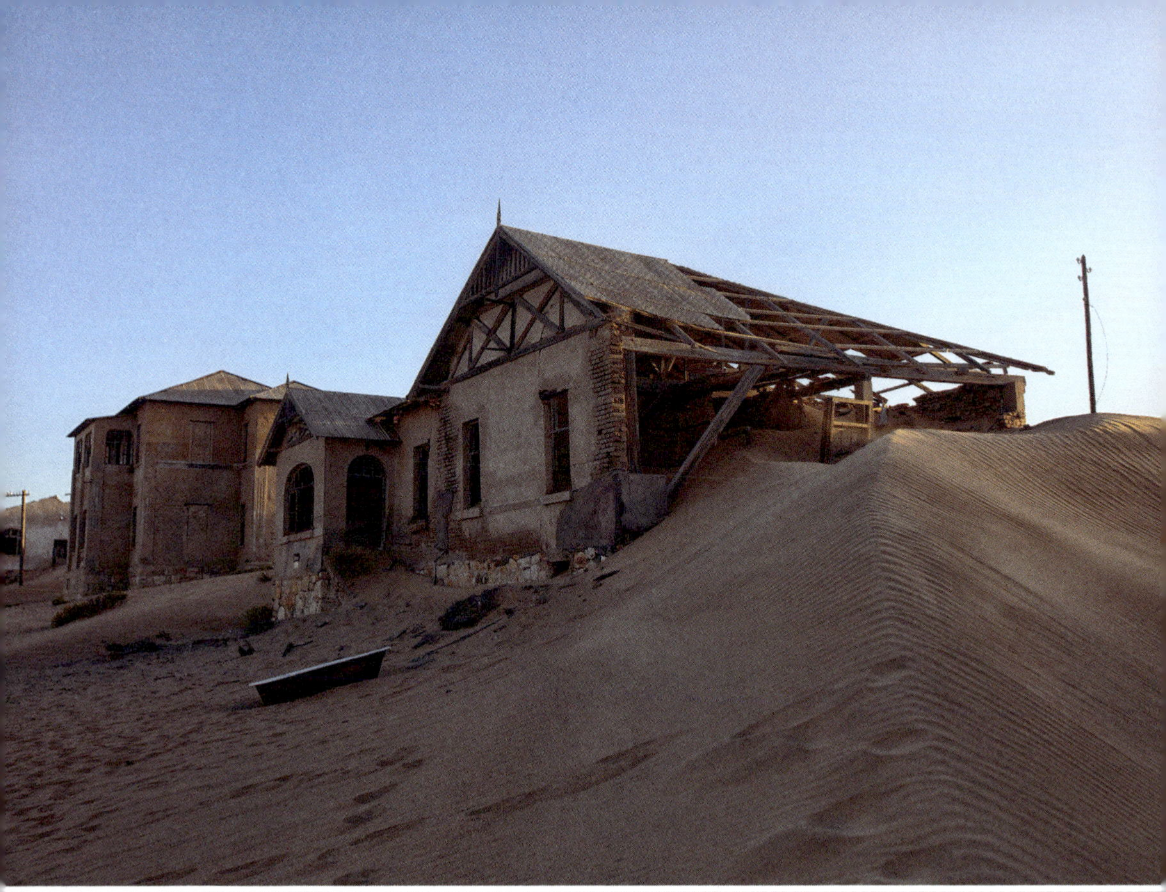

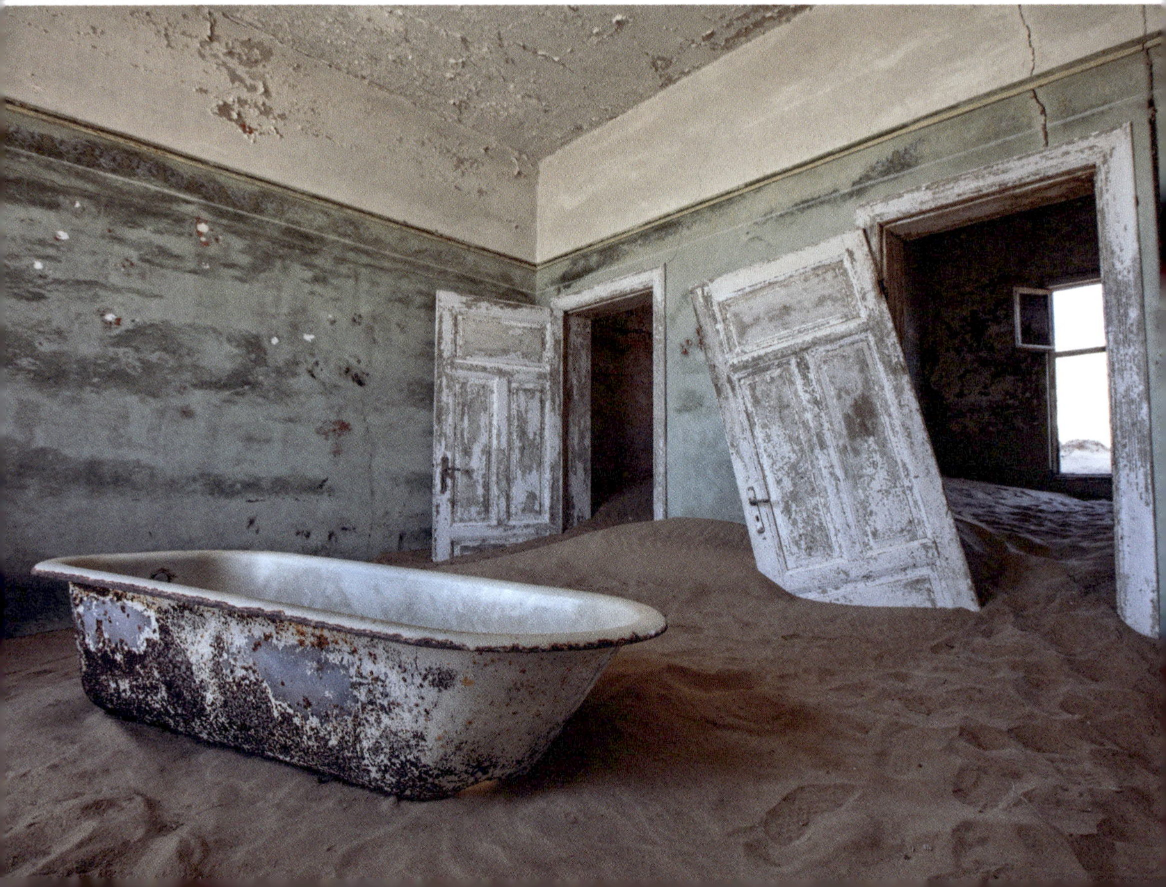

Die Geisterstadt in der Wüste

WO NEUE FREUNDSCHAFT
DURCH EIN NUTELLABROT ENTSTEHT

Hauptgrund für unseren Besuch in Lüderitz ist die legendäre Geisterstadt Kolmannskuppe mit ihren vom Sand zugewehten Häusern. Der Besuch der ehemaligen Diamantenstadt gleicht einer Zeitreise in die Vergangenheit. Gegründet wurde Kolmannskuppe Anfang des vorigen Jahrhunderts nach den ersten Diamantenfunden in der Region. Die meisten Häuser stammen aus den Jahren 1908 bis 1910. Noch vor dem Ersten Weltkrieg wurden hier unglaubliche 1000 Kilo Diamanten gefördert, das entspricht etwa 5 000 000 Karat. In dieser Zeit galt das kleine Örtchen mit seinen gut 350 Einwohnern plus 800 ungelernten Arbeitern als reichste Stadt Afrikas.

Heute ist Kolmannskuppe vor allem reich an Historie, an phänomenalen Fotomotiven und an Sand. Schritt für Schritt erobert sich die Wüste die Häuser zurück und dringt in die historischen Wohn- und Wirkstätten des Ingenieurs, des Buchhalters oder des einstigen Minendirektors.

Einst galt die Diamantenstadt Kolmannskuppe als reichste Stadt Afrikas. Heute ist sie ein Relikt vergangener Tage und ein Paradies für abenteuerlustige Fotografen aus aller Welt.

Dank einer Sondergenehmigung betreten wir das für Touristen tagsüber zugängliche Museumsgebiet weit vor der normalen Öffnungszeit. Gerade die frühen Morgenstunden eignen sich besonders gut für die Fotografie. Wir sind in unserem Element – dieser Ort hat eine besondere Magie.

Um auch hier eine *unforgettable experience* zu kreieren, habe ich ein Picknick geplant. Während Carolyn weitere Bilder aufnimmt, stelle ich im Haus des ehemaligen Ingenieurs auf der kleinen Düne im Wohnzimmer schon einmal unser Frühstück hin. Auf einem Holzbrett drapiere ich fröhlich pfeifend frisches Brot, Butter, Nutella, Erdnussbutter, Joghurt, geschnittene Nektarinen, Kaffee und selbstverständlich unseren so geliebten Guavensaft. Wir haben für diese Gelegenheit sogar extra Teller und Besteck gekauft – wenn schon, denn schon, für ein besonderes Erlebnis ist keine Mühe zu groß.

Gerade als wir zu essen beginnen, betritt ein österreichisches Pärchen das Haus, außer uns zu dieser frühen Stunde die einzigen Besucher von Kolmannskuppe. Die beiden sind sichtlich überrascht, uns an einem perfekt gedeckten »Frühstückstisch« auf dem Sandberg mitten im Wohnzimmer dieses historischen Hauses zu sehen. Kurz ent-

scharfer und mit Abermillionen Sandkörnern bewaffneter Wind. Es ist klar, wer Chef ist in dieser unwirklichen Welt. Wir machen noch ein paar Bilder und verlassen den gespenstischen Ort, kurz bevor die Sonne hinter dem staubigen Horizont versinkt. Zurück in die Zivilisation.

Angeblich soll man im Hotel Nest besonders gut essen können. Na denn, schauen wir uns das Restaurant mal an. Ich bin alles andere als begeistert, als wir eintreten, doch Carolyn überzeugt mich mit einer alten Weisheit: »Don't judge a book by its cover – Bewerte ein Buch nicht nach seinem Umschlag.«

Na gut, geben wir ihm eine Chance, viele Alternativen bieten sich an diesem Sonntagabend in dem ruhigen Hafenstädtchen sowieso nicht. Und wirklich, entgegen meiner Erwartungen esse ich an diesem Abend in einem Seafood-Restaurant das beste Hühnerschnitzel unserer gesamten Tour! Und auch Carolyns Muscheln in Weißweinsoße sind schlichtweg exquisit. *Don't judge a book by its cover* – es scheint doch immer wieder wahr zu sein. ◼

schlossen laden wir sie ein. Die einfachste Möglichkeit, neue Freundschaften zu schließen ist es, Fremde an deinen Tisch zu bitten, und sei es nur auf ein Nutellabrot inmitten einer verlassenen Geisterstadt! Vanessa und Hannes sind klasse und wir haben viel Spaß zusammen. Wie es der Zufall so will, haben wir sowohl in München wie auch Südafrika eine ganze Menge gemeinsamer Bekannte – die Welt ist doch klein.

Zum Sonnenuntergang kommen wir wieder nach Kolmannskuppe – die Fotografie-Sondergenehmigung erlaubt es uns erneut, außerhalb der Öffnungszeiten hier zu sein. Nur bei Dunkelheit müssen wir raus, aber das hatten wir sowieso vor. Mittlerweile bläst ein

Die einfachste Möglichkeit neue Freunde zu gewinnen, ist es, Fremde an deinen Tisch zu bitten – und sei es nur auf ein Nutellabrot auf einer Düne inmitten eines alten Hauses in einer Geisterstadt.

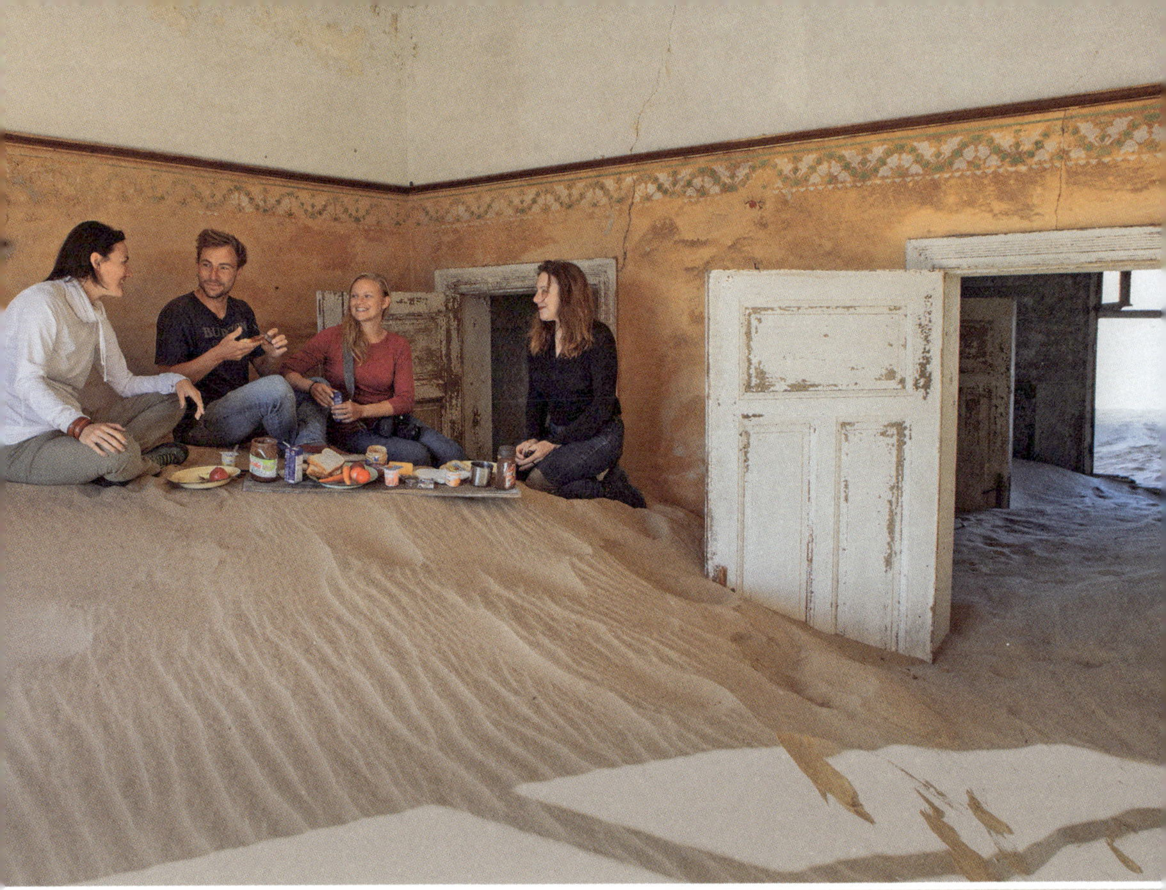

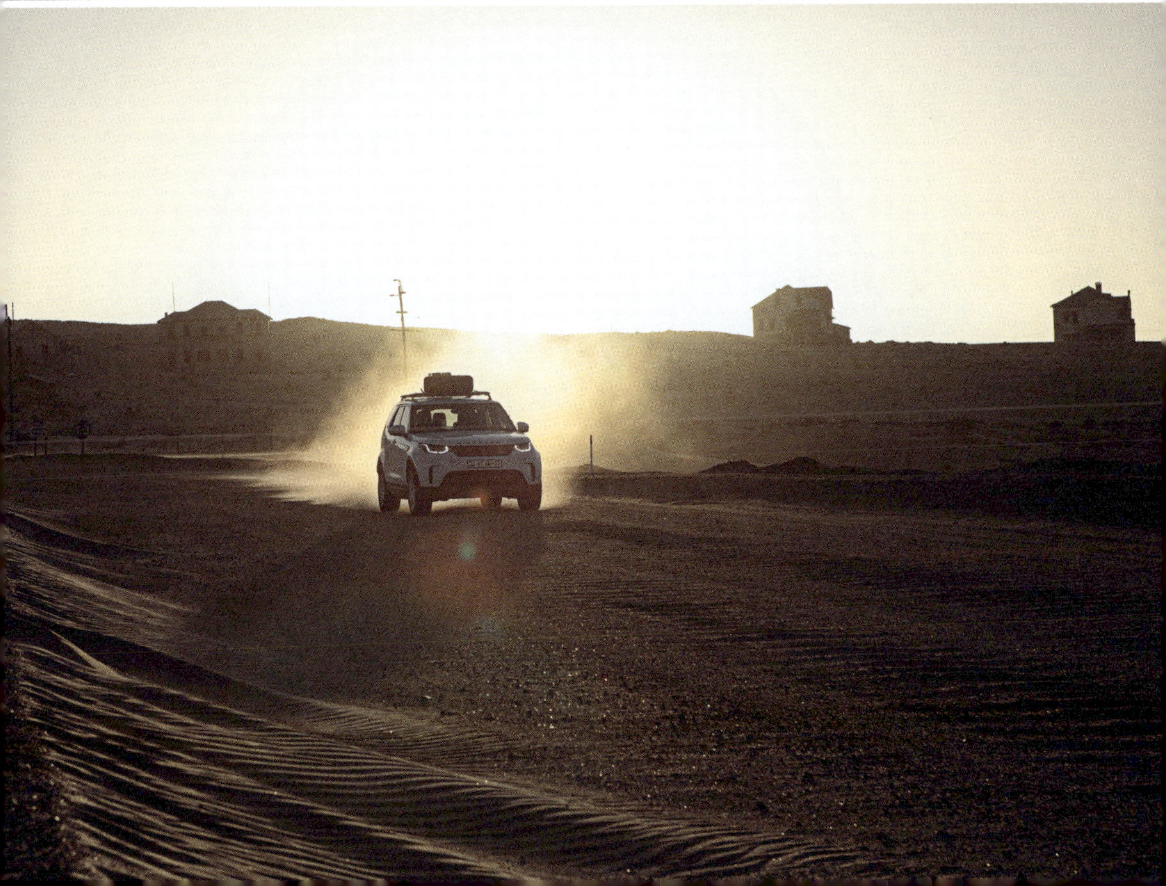

Die Köcherbaum-Farm

Die nächste Station auf unserer unvergesslichen Reise durch Namibia ist der Köcherbaumwald. Früher war diese Pflanzenart bekannt als *Aloe dichotoma*. Heute ist sie vor allem dafür bekannt, der meistfotografierte Baum Namibias zu sein – neben den knorrigen Bäumen in Sossusvlei.

Aber noch trennen uns circa 350 Kilometer von diesen bizarren Gewächsen, knappe vier Stunden Fahrt. Wobei – bei uns weiß man nie. In der Tat halten wir bereits eine knappe halbe Stunde hinter Lüderitz an, denn unsere Dünenarbeiter stehen winkend am Straßenrand. Sie haben unser Auto bereits von Weitem erkannt und freuen sich über das Wiedersehen genauso wie wir. Wir alle haben eine Riesenspaß, als Carolyn die Kamera auspackt. Gekonnt posieren die Jungs vor dem gelben Bagger und kriegen gar nicht genug von ihrem neuen »Ruhm«. Wer hätte gedacht, dass sich aus der peinlichen Parksituation vor zwei Tagen eine so nette, fast freundschaftliche Beziehung entwickelt.

Irgendwann ist es Zeit aufzubrechen, doch wir versprechen fest, wieder vorbeizukommen bei unserem nächsten Besuch Namibias, das sollte spätestens Ende 2021 mit meiner Agentur Sonnenkind sein.

Stunden später kommen wir im Quivertree Forest Rest Camp an. Quivertree ist die englische Bezeichnung für Köcherbaum, und der Wald liegt auf dem Gebiet der Farm. Als wir sie betreten, werden wir von einer Herde schwanzwedelnder Hunde, einem kleinen Erdmännchen sowie der Dame des Hauses in Empfang genommen. Das zahme Erdmännchen heiße KuriKuri, erzählt sie, und empfinde sich als Teil des Hunderudels. Aha. Um fünf Uhr könnten wir zur Gepardenfütterung mitkommen, um sieben gebe es im Farmhaus gemeinsames Abendbrot. Welche Gepardenfütterung, bitte? Auf der Farm leben mehrere gerettete Wildkatzen, nicht als Touristenattraktion, sondern einfach als Teil der Familie. So wie die Hunde und der quirlige KuriKuri, der mittlerweile fröhlich auf einem seiner Hundebrüder herumturnt.

Die Unterkünfte auf der Farm sind, sagen wir einmal, surreal. So kommen Carolyn und ich in geräumigen Glasfaser-Iglus unter, sonderbar, aber durchaus mit einem gewissen Charme.

Der Köcherbaumwald liegt direkt auf dem Farmland des Quiver Tree Forest Camp – einer authentisch-herzlich-außergewöhnlich-skurrilen Unterkunft.

Tat in den Bereich nahe der Farm. Lediglich ein Zaun trennt uns jetzt noch von ihnen. Wir sind überwältigt von ihrer Grazie, ihren geschmeidigen Bewegungen, aber noch mehr von dem extrem lauten Schnurren. Es ist deutlich zu erkennen, wie sehr sich die beiden freuen, ihren »Papa Coenie« zu sehen, der gerade zu ihnen ins Gehege gekommen ist. Das Fleisch bleibt vorerst unbeachtet, viel wichtiger ist eine ausgedehnte Schmuse-Session und intensive Nackenkraulerei. Vieles hätten wir erwartet, aber nicht, dass die Luft an diesem heißen Nachmittag in Namibia vibriert von dem alles übertönenden Geschnurre zweier zutiefst glücklicher Gepardendamen.

Wir nutzen den Nachmittag für einen Besuch des nahe gelegenen Giant's Playground, einer Ansammlung rot-schwarzer Felsbrocken, die wirklich den Anschein erwecken, als hätte hier zu Urzeiten ein Riese mit überdimensionalen Murmeln gespielt.

Gemeinsam mit drei weiteren Gästen treffen wir uns pünktlich um fünf zur legerfamiliären Gepardenfütterung. Das riesige Gehege der zwei weiblichen Tiere grenzt direkt an das Wohnhaus der Farm, wenn wir Glück haben, so wird uns erzählt, kommen die eleganten Katzen auf ein paar Fetzen frisches Kudufleisch vorbei. Bereits als Neugeborene gelangten die beiden Waisenmädchen auf die Farm. Aufgezogen wurden sie von Coenie, seiner Frau Ingrid und derselben Hundedame, die auch KuriKuris »Mama« ist. Somit haben sie eine enge Bindung zu dem Farmer, der stolz von »seinen Mädels« spricht. Nach einigem Pfeifen und Rufen kommen die eleganten Großkatzen in der

Rechtzeitig zum Sonnenuntergang gehen wir in den nur wenige hundert Meter von unseren Iglus entfernt liegenden Köcherbaumwald. Die bizarren Bäume schillern im warmen Licht des sich langsam verabschiedenden afrikanischen Tages und werden ihrem Ruf als eines der beliebtesten Fotomotive Namibias mehr als gerecht. Zum gemeinsamen Abendessen genießen wir Oryx-Geschnetzeltes, serviert am großen runden Tisch der Farm. Fast fühlt es sich an, als wären wir zu Hause. ◼

Das Wort Familie bedeutet mehr als nur biologische Verwandtschaft. Interessant wird es, wenn eine Hundemama hintereinander sowohl zwei Geparden-Waisen als auch das Erdmännchen KuriKuri großzieht und alle drei die Hundedame nach wie vor als Mutter ansehen. Die »Geschwister« sollten sich aber besser nie über den Weg laufen, denn das wäre für den kleinen KuriKuri das Ende seiner Tage.

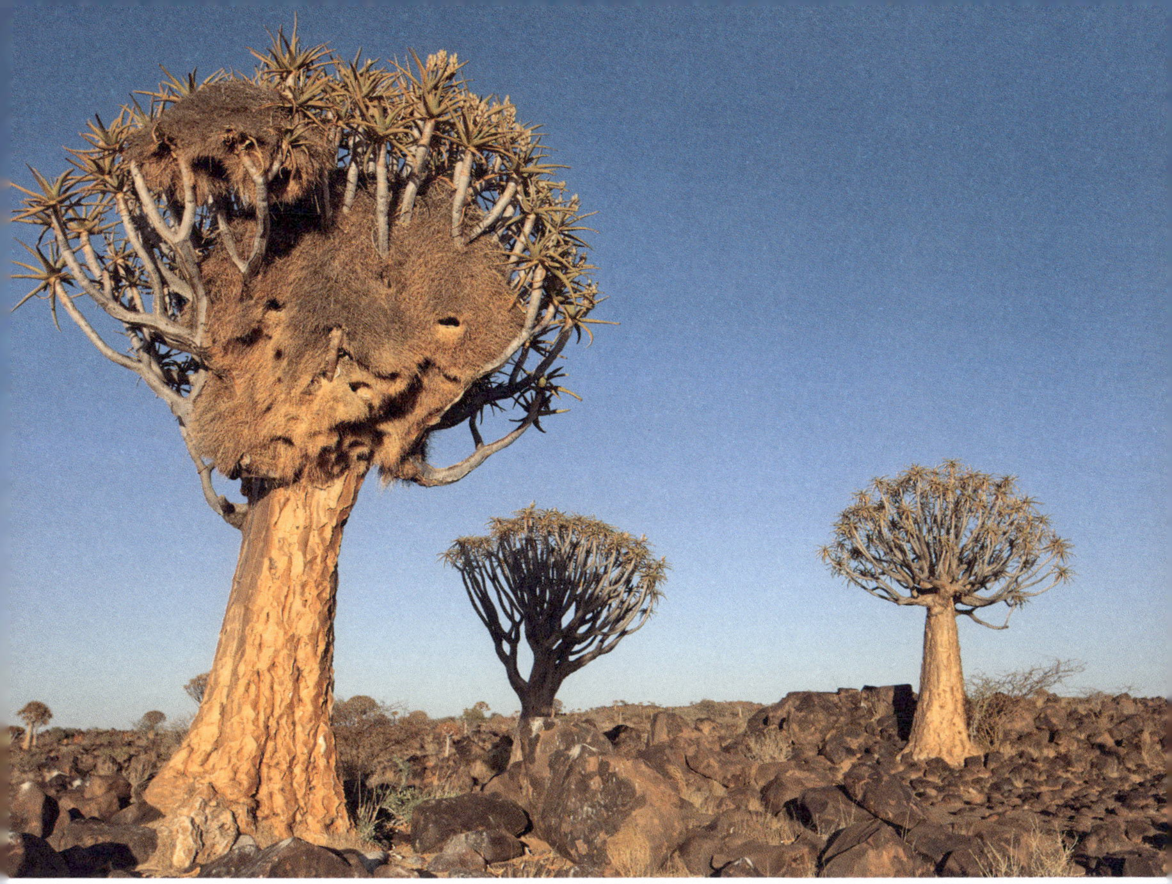

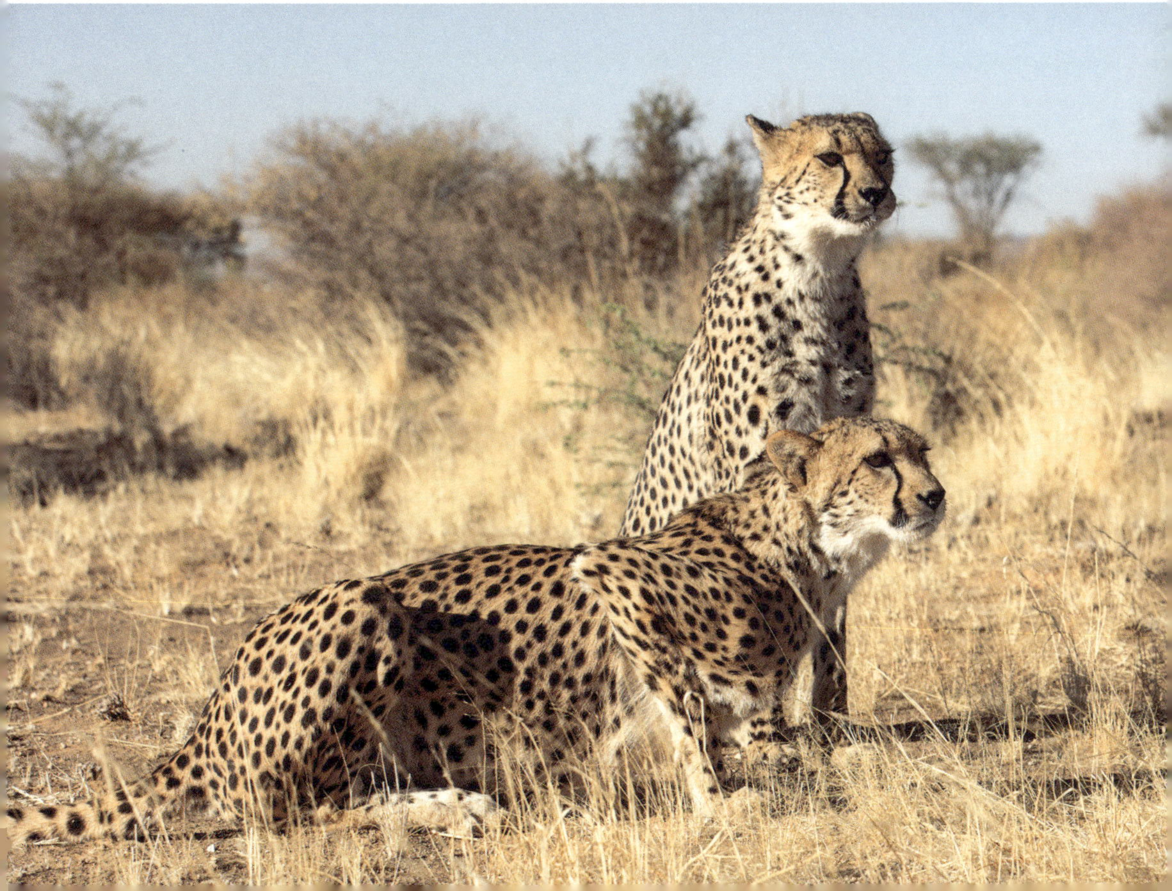

Der Geparden-Papa

WO DAS HERZ DEN TON ANGIBT

Vor dem Abendessen hatten wir uns ausgiebig mit Coenie und seiner Frau Ingrid über die Geparden unterhalten. Für den Erhalt der Rasse und den Tierschutz in Namibia ist es interessanterweise elementar wichtig, dass verwaiste Tiere so wie auf dieser Farm von Privatpersonen aufgenommen und in kilometergroßen Gehegen artgerecht gehalten werden. In der Wildnis stellen die eleganten Großkatzen häufig eine echte Bedrohung für die Existenz der Farmer dar, denn sie töten immer wieder weit mehr Tiere als für ihren eigenen Fleischbedarf notwendig ist. Aus diesem Grund sind sie vielen Farmern ein Dorn im Auge und werden häufig (auch illegal) getötet.

Natürlich klingt es romantisch, eigene Geparden zu halten, aber es ist vor allem eines: teuer und zeitintensiv. Doch das ist für Coenie und Ingrid ein kleiner Preis, denn es ist für die beiden eine Herzensangelegenheit, sich voll Leidenschaft für die graziösen Katzen einzusetzen. »Sie gehören zur Familie, da stellt sich die Frage der Kosten eigentlich nicht.« Aktuell leben vier Geparden auf der Farm, zwei Männchen sowie die beiden Ladies, jeweils zu zweit in einem kilometerlangen Gehege. »Wenn ihr Lust habt, können wir uns morgen früh um sechs Uhr treffen, dann nehme ich euch mit zu den Jungs und danach können wir noch zu den Mädels schauen.« Welch ein Angebot! Natürlich sind wir dabei!

Und so stehen wir um fünf vor sechs mit Kameras und voller Vorfreude (wenn auch noch leicht gähnend) parat. Coenie ist pünktlich und begrüßt uns mit einem breiten Lächeln. Er trägt einen Eimer voller frischem Kudufleisch – in der anderen Hand den kleinen KuriKuri, doch der kann zu den Geparden definitiv nicht mit. Das versteht der quirlige Kerl aber natürlich nicht, und so verbringen wir die nächsten Minuten damit, ihn immer wieder abzusetzen, abzulenken, um allein in Richtung Gehege zu gehen. Letzten Endes muss Coenie das kleine Erdmännchen seiner Frau ins Haus bringen, zu groß wäre die Gefahr, wenn der Kleine uns doch unbemerkt folgte.

Die beiden männlichen Geparden kamen erst im Alter von ein paar Monaten auf die Farm – dementsprechend sind sie in ihrem Verhalten nach wie vor recht wild. Zwar kann

Geparden sind die schnellsten Landtiere der Welt, aber auch die einzigen Katzen, die ihre Krallen nicht einziehen können.

für die Ladies jetzt keine direkte Notwendigkeit, uns entgegenzukommen. Als wir jedoch in Sichtweite sind, können sie ihre Freude nicht verbergen und laufen die letzten Meter laut schnurrend auf »Papa Coenie« zu. Wie schon gestern beginnt eine intensive Schmusesession und wir sind erneut überwältigt von der innigen Verbundenheit, die diese Wildtiere mit ihrem Menschen-Papa verbindet. Zeuge einer so tiefen, artenübergreifenden Liebe zu sein, ist ein wundervolles Geschenk. Und zugleich können wir bei dem Anblick spüren, wie glücklich auch Coenie die ungewöhnliche Nähe zu den Großkatzen macht.

Nach diesem einmaligen Start in den Tag machen wir uns auf in Richtung Norden, zurück nach Okapuka, denn unsere Tour geht langsam dem Ende zu. Die Fahrt ist unspektakulär. Spektakulär sind lediglich die Erinnerungen an den Morgen, an die vergangenen Tage sowie Wochen in diesem sagenhaften Land.

Coenie sich ihnen mit dem Eimer Fleisch sicher nähern, aber wir spüren deutlich, dass Respekt geboten ist. Carolyn und ich bleiben daher in sicherer Distanz. »Wir füttern die Geparden alle ein bis zwei Tage, immer mit Frischfleisch, denn altes Fleisch essen sie nicht. Da sind sie ziemlich wählerisch.«

Als die Männchen gefüttert sind und wir das Gehege verlassen haben, geht es weiter zu den beiden Damen. Auch ihr Gehege ist riesengroß, wir laufen mehr als eine halbe Stunde durch den Busch, bevor wir sie am hinteren Ende des eingezäunten Areals unter einem Baum dösend erblicken. Da sie erst am Nachmittag zuvor gefüttert worden waren, besteht

Zurück in Okapuka gehen wir auf einen letzten Sundowner-Ausritt mit Ingeborg. Mit einem Glas kühlen Weißwein in der Hand blicken wir gemeinsam in die sich verabschiedende Sonne, genießen die Wärme der Strahlen auf unserer Haut, lauschen dem zufriedenen Kauen der Pferde und sind einfach nur glücklich über diesen Moment. Morgen fliegen wir offiziell heim. Doch auch hier kommt es anders als ursprünglich geplant. ▪

Coenie: »Wenn meine Geparden-Mädels nicht aufhören, mir den Kopf zu putzen, habe ich bald eine komplette Glatze.«

Sternschnuppen *in der Wüste*

WO LANGSAM DEUTLICH
SCHNELLER IST

Eigentlich würden wir heute abfliegen. Doch das tun wir nicht! Denn gestern haben wir die Info erhalten, dass wir noch einmal in die Namib können – diesmal sogar mit Übernachtung mitten im Meer aus Dünen und Sand. Die Flüge sind relativ zügig umgebucht. Die weiteren Buchungen und Abstimmungen laufen noch. Allein die verspätete Rückgabe des Wagens gestaltet sich komplizierter, weil etliche Leute involviert sind und

wir ihn damit an einem Feiertag zurückgeben würden – etwas schwierig. Doch das gesamte Team ist äußerst hilfsbereit, und irgendwann haben wir das offizielle Okay. Statt also zum Flughafen zu fahren, geht es an diesem Morgen mit einem enormen Strahlen im Gesicht zurück in Richtung Swakopmund.

Am Eingang der Salzmine von Walvis Bay treffen wir uns mit Herman, dem »Amaaaaaaaaaaazing Desert Man«, den ich noch von einer Tour vor vielen Jahren kenne. Er ist ein echtes Unikat. Barfuß steht der kräftige Wüstenmann vor uns, doch als rau würde ich den bärtigen Namibier nicht bezeichnen, denn er besitzt eine äußerst vertrauenswürdige und feinfühlige Art.

Herman fährt einen umgebauten und deutlich höher gelegten Toyota Land Cruiser. Sein Truck ist ein richtiges Biest verglichen mit unserem serienmäßigen Luxus-4x4. Kurz zieht er die Augenbraue hoch … zwei »Mädels« in einem nagelneuen Land Rover …

Die Namib mit einem echten *desert man* zu erobern, ist nicht nur deutlich sicherer als alleine, sondern auch ein Erlebnis der besonderen Art.

doch ich zwinkere ihm nur zu. Und bereits
wenige Stunden später gibt er lächelnd zu,
dass er sich wohl getäuscht habe: Mit wenigen seiner männlichen Gäste könne er in der
Wüste so viel Fahrspaß haben wie mit uns.
Von wegen, Frauen können nicht Auto fahren!
Das wäre doch gelacht.

Wieder fahren wir zuerst an der sogenannten Langewand und dem tosenden
Atlantik entlang bis zum historischen Sandwich Harbour. Dann geht es tief in die Wüste
Namib hinein. Hermans Freund und Busi-
nesspartner Duan hat sich uns mittlerweile
angeschlossen, mit drei Autos sind wir nun
mehr als sicher unterwegs. Steckenzublei-
ben, nicht weiterzukommen, sich gegenseitig herauszuziehen gehört beim Fahren in
der Wüste einfach dazu. Und mit zwei so
erfahrenen *desert men* in ihren Wüsten-
trucks steht dem Abenteuer Namib wirklich
nichts mehr im Weg.

Gemeinsam fliegen wir über die Dünen,
erklimmen Berge aus Sand und tasten uns
vorsichtig an die oft gefährlich scharfen
Kämme heran. Nicht zu sehen, was einen
auf der anderen Seite erwartet, ist ein mul-
miges Gefühl, aber ich vertraue Herman
blind. Außerdem bestätigt er immer wieder

per Walkie-Talkie: »Better do it over than
overdo it.« Also lieber in mehreren Versuchen über eine schwierige Passage fahren
als mit zu viel Schwung über die Kuppe fliegen und eine Bruchlandung in den oft steilen Abgrund liefern. Ich bin mit der Perfor-
mance unseres Wagens mehr als zufrieden.
Zwar kann er nicht alles, was die Trucks
mit ihrer Bodenfreiheit schaffen, aber mindestens 90 Prozent – und das mit Komfort,
Sicherheit und Stil. Immer wieder lassen wir
Carolyn an ausgewählten Stellen zum Fotografieren raus – die Gute bekommt heute
nicht nur sagenhafte Bilder, sondern auch
ein echt anstrengendes Sportprogramm! Ich
möchte gar nicht wissen, wie viele Meter sie
mit ihrer schweren Kameraausrüstung in
dem tiefen Sand und auf den steilen Dünen
in ihrer ungebrochenen Euphorie zurück-
gelegt hat.

Vor Einbruch der Dunkelheit wählen wir
eine geeignete Stelle für unser Camp, möglichst windgeschützt soll es sein. Inmitten
der Wüste Namib, fernab der Zivilisation,
ohne jedweden Handyempfang errichten wir

Ein letzter Check am Strand, dann kann
es losgehen in die älteste Wüste der
Erde und das goldene Meer aus Sand.
Ab jetzt gilt: lieber langsam herantasten
und eine Passage mehrfach probieren
als zu schnell über die oft steilen Dünen-
kämme fliegen.

» Better do it over than overdo it.

Hermann van Zyl, Wüsten-Experte

alsbald unser Lager für die Nacht und bauen vier geräumige Zelte und die Feuerstelle auf. Zum Abendessen gibt es ein klassisches namibisches *Braai* mit Bergen an Grillfleisch, schmackhaften Würsten, ein wenig Salat und gutem Wein.

Um am nächsten Morgen so wenig Rückstände wie möglich zu hinterlassen, hat Duan eine spezielle *Braai*-Vorrichtung gebaut, die das Holz völlig verbrennt, sodass außer ein wenig feiner Asche nichts zurückbleibt. Es gefällt uns, dass die Jungs auf solche Details achten. Während wir am Lagerfeuer sitzen, ziehen langsam die ersten Sterne auf. Schon bald zeigt sich uns die leuchtende Milchstraße in ihrer vollen Pracht. Wir blicken ehr-

fürchtig in das funkelnde Firmament. Außer unserem gelegentlichen »Aahhhh« angesichts einer Sternschnuppe hören wir nichts als die betörende Stille der Wüstennacht.

Erst nach Mitternacht kriechen wir in unsere Schlafsäcke. Ein weiterer unvergesslicher Tag findet sein Ende in der Weite der Namib. Und wir mittendrin. ◼

Unter Millionen von Sternen, inmitten der Namib und fernab der Zivilisation zu übernachten, ist ein einzigartiges Erlebnis und steht völlig außer Konkurrenz zu Fünfsternehotels.

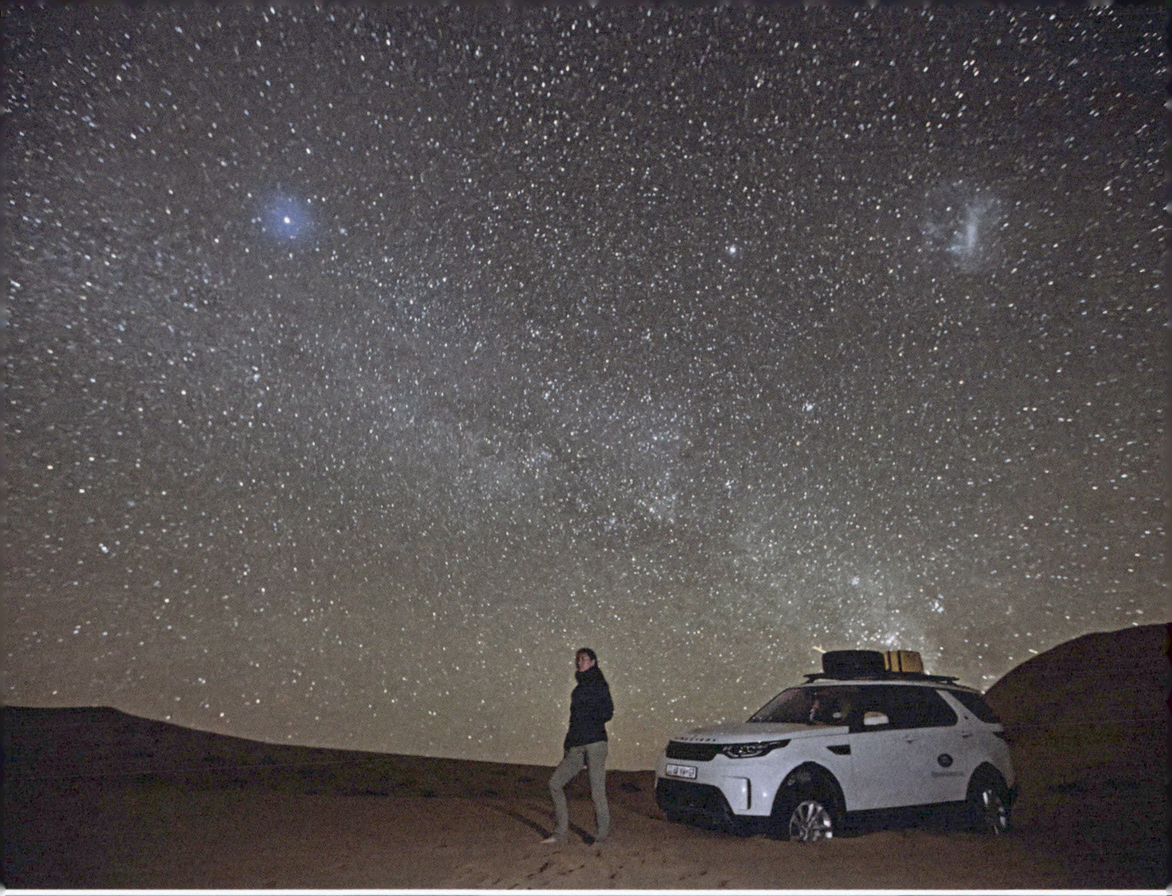

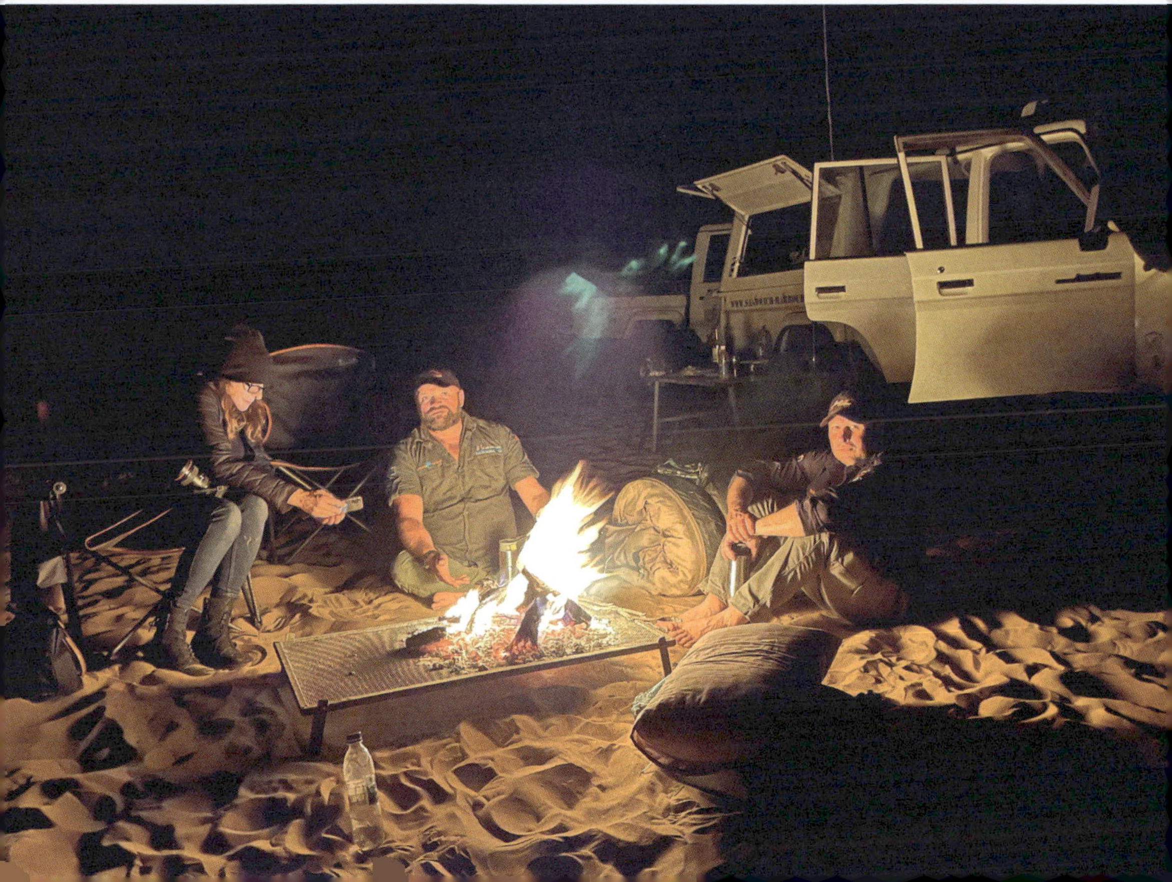

Frühstück in der Wüste Namib

WO EIN AUFWACHEN IM NICHTS ZU ETWAS GANZ BESONDEREM WIRD

In einem Zelt inmitten der Namib-Wüste aufzuwachen ist schon etwas anderes als den Tag in einem Bett zu begrüßen. Langsam öffne ich mein Zelt – nach wie vor bin ich umgeben von der faszinierenden Stille des Nichts und dem Anblick von Sand, Sand und noch mehr Sand. Die anderen schlafen noch, und so begebe ich mich auf einen kleinen Morgenspaziergang. Ich erklimme die Düne hinter unserem Camp und bestaune voller Dankbarkeit dieses einmalige Heim für die Nacht.

Irgendwann wachen die anderen auf, es gibt warmen Kaffee und die für Afrika typischen, steinharten *rusks*. Was die Menschen an diesen Keksen so toll finden, ist mir ein Rätsel, aber was soll's. Nachdem wir alles zusammengepackt und noch mal gecheckt haben, dass auch wirklich nichts liegen geblieben ist, machen wir uns auf den Weg. »Start your engines, please!« Oh yes, mit der allergrößten Freude! Mehrere Stunden verbringen wir im Gelände – die Wüste ist ein phänomenaler Playground und wir spielen förmlich mit den Autos im Sand. Wie schon gestern steigt Carolyn immer wieder aus, um Bilder zu machen, vor allem wenn es

spektakulär wird, der Sand nur so fliegt oder (m)ein Auto festhängt. Gegen Mittag kommt auch dieses Erlebnis zu einem Ende und wir verabschieden uns von unseren »Wüsten-Buddies« Herman und Duan. Es ist kein »Auf Wiedersehen!«, sondern lediglich ein »See you next time!«. Wieder verbringen wir über eine Stunde in der Autowaschanlage, danach glänzt unser Wagen wie neu.

Statt in Swakopmund zu bleiben, entscheiden wir uns für einen letzten Besuch auf dem Mond. Zu sehr sind uns René, ihr Team und Suzi ans Herz gewachsen, zu sehr schätzen wir dieses bizarr-friedliche Fleckchen Land. Zum Abendessen genießen wir ein Picknick inmitten der einmaligen Mondlandschaft – umarmt von den goldenen Strahlen des untergehenden Feuerballs, der unsere Gläser genauso erleuchtet wie unser dankbares Gemüt. ◼

Komisch, wie viel intensiver und besser auch die einfachsten Dinge in der Natur schmecken.

» Vielleicht sollten wir alle viel öfter
ein Picknick in der Natur genießen.

Ein Traum geht zu Ende

WO FREUNDSCHAFT
GRENZEN ÜBERBRÜCKT

Wer auf dem Mond übernachtet, hat eine lange Reise zurück in die Zivilisation. Und einen frühen Aufbruch, wenn eine morgendliche Autorückgabe ansteht. Wegen des Feiertags war es nicht ganz einfach, die Übergabe des Wagens zu arrangieren und wir sind glücklich, dass ein gewisser Tony überhaupt Zeit für uns hat. So verlassen wir Goanikontes in totaler Dunkelheit und machen uns auf diese letzte mehrstündige Fahrt. Unser Geländewagen scheint ähnlich sentimental wie wir, denn bereits nach wenigen hundert Metern müssen wir anhalten. Rechts vorne haben wir nur mehr ein Bar Druck, das ist eindeutig zu gering. Nur gut, dass wir den Kompressor dabei haben, obwohl ich ehrlich zugeben muss, dass es nicht besonders viel Freude macht, um fünf Uhr morgens bei totaler Dunkelheit die Motorhaube zu öffnen, den Kompressor anzuschließen und die nötigen Handgriffe zu machen, um wieder fahrbereit zu sein.

Vor der Abgabe fahren wir in Windhoek noch ein letztes Mal in eine Waschstraße für den finalen Touch. Tony von der Agentur APS ist sichtlich begeistert, als er hört wie viel wir im Gelände waren. »Klasse, dann habt ihr den Wagen ja wirklich in seinem Element bewegt!« Oh ja, das haben wir! Genau 6285 Kilometer waren wir unterwegs, davon mehr als zwei Drittel auf Schotter, im Sand, am Strand, auf Felsen, in Flussbetten und im Busch – Momente des puren Glücks.

Wenig später sind wir wieder auf Okapuka. Noch haben wir einen letzten Sonnenuntergang vor uns, einen letzten Sundowner zusammen mit Ingeborg im Busch. Im goldenen Schein der untergehenden Sonne stoßen wir auf unsere Freundschaft an und darauf, dass dies lediglich ein Abschied auf Zeit ist. Denn bereits für Ende 2021 habe ich eine weitere Reise in dieses wundervolle Land geplant. ◼

»Namibia – we will be back!«

Hinter den Kulissen

Zahlen — Daten — Fakten

WO TAUSENDE VON KILOMETERN
FESTGEHALTEN SIND

❯ Zurückgelegte Strecke: 6285 Kilometer, davon mehr als zwei Drittel auf Schotterpisten, im Sand, in ausgetrockneten Flussbetten und im Gelände.

❯ Längste Strecke in einem Stück: von Opuwo nach Ai Aiba – 608 Kilometer, davon 606 Kilometer Schotterpiste, für die wir gute zehn Stunden gebraucht haben.

❯ Durchschnittsgeschwindigkeit während der drei Tage im Etosha-Nationalpark: 42 km/h.

❯ Gegessene Tüten Chips: Hierüber reden wir besser nicht. Ebenso wie:

❯ Gegessene Packungen Kekse: Themenwechsel.

❯ Getrunkene Guavensäfte: Mindestens drei pro Person pro Tag … vermutlich eher mehr.

❯ Höchste Temperatur: 42 °C, mittags im Etosha-Nationalpark.

❯ Tiefste Temperatur: 9 °C, morgens in der Nähe von Lüderitz.

❯ Anzahl an Bildern, die Carolyn geschossen hat: rund 20 000.

❯ Sandkörner in Carolyns Equipment: … Gut, dass man Kameras professionell reinigen kann.

❯ Tage, an denen wir nicht über COVID-19 geredet haben: Viele, und das war gut und wichtig nach dem anstrengenden Coronajahr.

❯ Tage, an denen wir wussten, welcher Wochentag ist: wenige.

❯ Zeit von Reiseidee bis Abflug: weniger als vier Wochen.

❯ Zeit in Namibia: auch weniger als vier Wochen.

❯ Anzahl an wundervollen Menschen, die wir getroffen haben: unendlich viele.

❯ Anzahl der unvergesslichen Erlebnisse: unzählbar.

ANGOLA

Calueque-Damm
Ruacana-Damm
Kunene
Epupa &
Ruacana Falls
Okavango
Ondiva
Oshikandja-Damm
Himba Dorf
Okamune
Opuwo
Opuwo Country Lodge
Oshakati
Oniipa
Oponano-
See
Mpungu
Cuangar
Tondore
Okavango
Rundu

Kaoko-
Orupembe
Schwarze
Koppen
1866
Joubert-
Pass
Ovamboland
Etosha-Pfanne
Namutoni
Gate
Namutoni
Kalkheuwel
Baobab-Baum-
Naturdenkmal
Mangetti-
Nationalpark
Khaudum-
National-
park

ho-
Etosha-Nationalpark
Etosha Pan Lookout
Kaokoveld
Purres
Opuwo

pe Fria
Okan-
küste
veld
Halali Camp
Tsumeb
Fiume Bush Camp
Tsumkwe

Skelettküste
Rocky Point
National-
Möwebucht
Möwebucht
Sesfontein
Dolomite
Camp
Okaukuejo
Okaukuejo Camp
Hoba-
Meteorit
Grootfontein
Gam
Maroelaboom

Palmwag
Galton Gate
and Reception
1540
Groetberg-
Pass
Kamanjab
Otavi
Terrace Bay
The Living Museum
Damaraland
Khorixas
Outjo
Otjiwarongo
Waterberg-
Nationalpark
Waterberg-
Plateau
Okondjatu
Otjinene
Okovimburu
Rietfontein

Torra Bay
Brandberg
West Mine
Brandberg
Königstein
2573
Uis
Okombahe
Eisenberg
1889
Dinosaur
Fußabdrücke
Omatako
2286
Otjosondu
Okarukambe
(Steinhausen)

Toscanini
Dorob
Messum-
Krater
Ambrose Bay
Spitzkoppe
Große
Spitzkoppe
1728
Ai-Aiba – The Rock
Painting Lodge
Omaruru
Wilhelmstal
Okahandja
Wood Market
Okahandja
Okapuka Ranch
Gobabis
Mamuno

Cape Cross Bay
Kreuzkap
National-
park
Henties Bay
Karibib
Daan-Viljoen-
Wildpark
Okapuka Ranch
Hosea Kutako
Int. Airport
Buitepos

Swakopmund
Walvis Bay
Granibkontes
Oasis Rest Camp
Vogelfederberg
Bosua-
Pass
WINDHOEK
Kupferberg-
Pass
Heinitzburg
Rehoboth
Uhlenhorst
Aminius
Omongwa
BOTSWANA

Sandwich Bay
Ilkea Point
Historic
Sandwich Harbour
Gamsberg-
Pass
Spreetshoogte-
Pass
Kalkrand
Aranos
Stampriet
Kgalagadi

Black Cliffs
Conception Bay
Namib-
Naukluft-
Tsondabvlei
Solitaire
Rooihoogte-
Pass
Ababis
Hardap-
Erholungs-
gebiet
Hardap-
Damm
Mariental
Transfrontier
National-
park

Black Reef
Sossus Dune Lodge
Sossusvlei
Dune 45
Sesriem
2020
Namib-Rand-
Naturschutz-
gebiet (Privat)
Tsaris-Hoogte-
Pass
Maltahöhe
Gibeon
Eindpaal

Black Rock
St. Francis Bay
Easter Point
Spencer Bay
Dolphin Head
National-
Namib
Sandmeer
Awasibberge
1520
Betta
Helmering-
hausen
Brukkaros
1586
Koës
Moses

park
Dikke
Willem
1505
Quivertree Forest
Rest Camp
Swartputs-
Pan
Haksteen-
pan
Koppies-
kraalpan

The Cormorant House
Garub
Aus
Goageb
Seeheim
Keetmanshoop
Naute-
Erholungs-
gebiet
1868
Schroffen-
stein
Areab
Askham

Lüderitz
Kolmanskop
Elizabeth Bay
Tsau-||Khaeb-
(Sperrgebiet)-
Nationalpark
Black Point
Fish
Gondwana Nature Park
Molopo

Dreimaster Bay
Aurus
1770
Hebas
Ai-Ais-
Richtersveld
Fish River
Canyon
Grünau
Karasburg

Chameis Bay
Rosh Pinah
Ai-Ais-
Richtersveld
Aussenkehr-
Naturpark
Trans-
frontier-
Park
Oranje
Vioolsdrif
Oranje
Warmbad
Oranje
Upington

ATLANTISCHER
OZEAN

Alexander
Bay
SÜDAFRIKA

N

100 km

Namen und Webseiten

REISESTART / REISEENDE (Seiten 16–41, 186, 200)
Die *Okapuka Ranch* vor der Toren Windhoeks ist ein wahres afrikanisches Safari-Paradies und der perfekte Start und Ausklang für eine Reise durch Namibia.
https://www.okapuka-ranch.com

Okapuka Horse Safaris bietet Reitern die Möglichkeit, auf top ausgebildeten Arabern Safari-Ausritte in den Busch zu unternehmen und gemeinsam mit Giraffen und Antilopen dem Sonnenuntergang entgegenzugaloppieren.
https://www.okapuka.com

BUSHMAN-LAND (Seiten 42–49)
In dem eher einfachen *Fiume Bush Camp* können Besucher fernab der Zivilisation und ohne Handyempfang »abschalten« und die Kultur der San über den auf Fiume ansässigen Clan kennenlernen.
https://fiume-lodge.com

ETOSHA-NATIONALPARK (Seiten 64–89)
Das *Halali Camp* ist eine einfache Unterkunft inmitten des Parks, aber die einzige, die es aufgrund ihrer Lage ermöglicht, den Sonnenuntergang auf der Etosha-Pfanne zu erleben.
https://www.etoshanationalpark.org/de/unterkunft/halali-camp

Okaukuejo Rest Camp ist ein großes Camp im Herzen des Nationalparks, mit erfrischendem Pool und der Möglichkeit, einen der gefragten Waterhole Bungalows direkt am campeigenen Wasserloch zu mieten. https://www.etoshanationalpark.org/de/unterkunft/okaukuejo

Das elegante *Dolomite Camp* liegt im Westen des großen Areals und ist das exklusivste Camp im Nationalpark. Von den luxuriösen Safarizelten am Berg genießen Besucher spektakuläre Blicke.
https://www.etoshanationalpark.org/de/unterkunft/dolomite-camp

KAOKOLAND (Seiten 90–93)
Die *Opuwo Country Lodge* ist die beste Unterkunft Opuwos und bietet neben ansprechenden Zimmern einen fantastischen Blick von der Terrasse und dem Infinity Pool aus über die Berge und das Kaokoland.
https://www.opuwolodge.com

Wer nicht nur im Living Museum anhalten möchte, sondern bei dem Besuch eines echten Himba-Krals tief in die Kultur dieses so faszinierenden Volks eintauchen möchte, der braucht die Unterstützung von Menschen wie unserem persönlichen Freund und *Himba Guide Rimunikavi Tjipurua*.
https://www.facebook.com/rimunikavi.tjipurua

AI AIBA (Seiten 114–125)
Ai Aiba – The Rockpainting Lodge ist ein wahrer Geheimtipp: spektakuläre Landschaft, historische Steinmalereien, stilvolle Luxushütten, über-

schwängliche Gastfreundschaft und die Möglichkeit, beim benachbarten Stamm der San tief in die Kultur dieses alten Volks einzutauchen.
https://www.aiaiba-namibia.com

MOON VALLEY (Seiten 126–139, 197–200)
Inmitten des eindrucksvollen Mondtals liegt ein Juwel – die grün leuchtende *Oase Goanikontes,* auf der unvergessliche Erlebnisse, Abenteuer und Gastfreundschaft großgeschrieben werden.
https://goanikontesoasis.com

SWAKOPMUND / WALVIS BAY (Seiten 132–135, 141–147)
Das *Driftwood Guesthouse* ist eine charmante Unterkunft in ruhiger Lage Swakopmunds, die gerade für Individualreisende sehr ansprechend ist.
https://driftwood-namibia.com

Im Herzen Swakopmunds, mit hervorragender Aussicht über den wilden Atlantik, liegt das luxuriöse *Hotel The Strand* – eine der besten Adressen am Ort.
https://www.strandhotelswakopmund.com

Abwechslungsreiche Catamaran-Touren zum Pelican Point bietet *Laramon Tours* – inklusive der Begegnung mit Robben, Pelikanen, Delfinen, Kormoranen und vielem mehr. Abfahrt ist der kleine Hafen in Walvis Bay.
http://www.laramontours.com/index.htm

NAMIB (Seiten 146–151, 188–197)
Wer die Wüste erkunden möchte, sollte das mit echten Koryphäen tun. Hermann und Duan, die Eigentümer von *Namscapes Tours & Safaris,* gehören zu den erfahrensten und zuverlässigsten »Desert Men« in Namibia.
https://namscapes.com

SOSSUSVLEI (Seiten 152–167)
Die *Sossus Dune Lodge* bei Sesriem ist eine der schönsten Unterkünfte der Region und die einzige innerhalb des Namib-Naukluft-Nationalparks. Von hier aus kann man die spektakuläre Vlei-Landschaft gerade auch bei Sonnenauf- und -untergang genießen.
http://www.sossusdunelodge.com

HELMERINGHAUSEN (Seiten 168–171)
Helmeringhausen Hotel & Guest Farm ist eine blühende Oase auf dem Weg zwischen Sossusvlei und Lüderitz. Vor allem der Biergarten ist einen Zwischenstopp wert: Hier gibt es den allerbesten Apfelkuchen Namibias – noch besser als in Solitaire.
http://www.helmeringhausennamibia.com/de/what-to-expect/wte-house

LÜDERITZ (Seiten 172–179)
Das *Cormorant House* ist eine charmante Selbstversorger-Unterkunft direkt am Meer mit großzügigen Zimmern, tollem Blick und nettem Personal.
https://thecormoranthouse.com

KOLMANNSKUPPE (Seiten 176–179)
Ein Besuch der verschütteten Geisterstadt Kolmannskuppe ist für viele Reisende Hauptgrund für den Abstecher nach Lüderitz. Für den Zugang zu Sonnenauf- und Sonnenuntergang ist eine spezielle Erlaubnis notwendig, sie ist über die Webseite zu erfragen.
https://kolmanskop.net

KÖCHERBAUM-WALD (Seiten 180–187)
Die Köcherbäume (quiver trees) zählen zu den Wahrzeichen Namibias. Das *Quiver Tree Forest Camp* ist eine besondere Unterkunft: authentisch, ungewöhnlich, auf einer Farm, mit direktem Zugang zum Köcherbaumwald und geführt von Geparden-»Eltern«, die Reisenden die Möglichkeit bieten, live bei der Fütterung der eleganten Tiere dabeizusein.
https://www.quivertreeforest.com

Durch die Linse

Carolyn, Du hast ursprünglich eine Banklehre gemacht. Seit wann bist Du als professionelle Fotografin tätig?

Die Fotografie war schon immer meine große Leidenschaft, neben dem Reisen. 2005 dann habe ich diese Berufung zum Beruf gemacht und wurde selbstständige Fotografin in Singapur. In den ersten Jahren habe ich mich vor allem auf Porträts fokussiert.

Was interessiert Dich besonders an Porträts?

Ich liebe es, mit Menschen zu arbeiten und ihre Schönheit und Einmaligkeit abzubilden.

Fotografierst Du primär im Studio?

Ich mache nach wie vor viele Familien- und Porträt-Aufnahmen. Aber seit einigen Jahren fotografiere ich auch sehr viel draußen. Ich arbeite in Ländern wie Indien, der Mongolei oder eben auch Namibia. Viele meiner internationalen Kunden engagieren mich mittlerweile für ihre Veranstaltungen und Presse- oder Kundenreisen. Meine Themenfelder sind deutlich breiter geworden.

Deine Arbeiten sind sehr vielseitig. Auf dieser Reise beispielsweise ging es um Landschafts-, Porträt-, Wildlife-, Auto-, Offroad- und Dokumentar-Fotografie. Wie machst Du das?

Ich glaube, das ist alles eine Frage der Einstellung – und natürlich des Equipments. Aber auch des konstanten Lernens und der Offenheit für Neues. Natürlich gerate auch ich immer wieder in Situationen, wo ich etwas fotografieren soll, was ich so noch nicht gemacht habe. Auf dieser Reise war das zum Beispiel die Offroad-Fotografie. Aber dann informiere ich mich, spreche mit den Beteiligten, schaue Lernvideos, lasse mich inspirieren und probiere es einfach aus.

Wer ist dein fotografisches Vorbild?

Mein Held ist ganz klar Steve McCurry. Er ist für seine spektakulären Porträts bekannt. Mich fasziniert vor allem, wie würdevoll er die Menschen abbildet und sie dabei zugleich in ihrem Charakter und Wesen erfasst. Genau das ist es, worum es mir bei meinen Menschenbildern auch geht: die Würde des Menschen zu bewahren – egal wie alt, arm oder angeschlagen er auch sein mag.

Womit fotografierst Du?

Ich liebe Canon. Aktuell fotografiere ich mit der 5DS R, einer Kamera, die sehr gut zu meinem Stil und meinen Anforderungen passt.

Welches Equipment kaufst du dir als nächstes?

Auf jeden Fall ein 800er Superzoom mit F2.8. Die Tierfotografie bei dieser Reise in Namibia hat es mir wirklich angetan.

Kannst Du Deine drei wertvollsten Fotografie-Tipps verraten?

Ja, klar! Erstens: Versuchen, versuchen, versuchen, nie sagen »nein, das geht nicht«, sondern einfach ausprobieren. Zweitens: Sich immer weiterbilden und informieren, googeln wie etwas gemacht wird, bei YouTube Videos ansehen. So habe ich über die Jahre extrem viel dazugelernt. Und schließlich drittens: Nicht immer stehend fotografieren, sondern sich hinlegen, auf etwas draufsteigen, einfach mal die Perspektive wechseln.

Was war Dein bislang tollstes Bild?
Ich habe so viele Aufnahmen gemacht, die mich selbst tief berühren. Da kann ich wirklich nicht sagen, dass eine die beste war.

Was war Dein größter fotografischer Misserfolg?
Da gibt's viele! Vor allem Situationen, wo ich die Kamera einfach nicht dabei oder nicht am Auge hatte und das Foto somit schlichtweg verschlafen habe. Aber als Fotograf passiert das regelmäßig und es ist wichtig, sich nicht zu sehr über das verpasste Bild zu ärgern, sondern lieber gleich den Fokus auf das nächste zu legen.

Welches eine Foto würdest Du gerne noch machen?
Ich möchte vor allem mehr von dem machen, was ich gerade mache. Bis zu meinem letzten Stündlein möchte ich meine Kamera in der Hand halten – ich bin extrem glücklich mit meinem Beruf.

Für wen würdest Du gern in näherer Zukunft fotografieren?
Weiter für National Geographic, für Canon oder auch für die Vereinten Nationen, zum Beispiel für ein Flüchtlingsprojekt. Das wäre phänomenal.

Carolyn Strover

> **Als Fotograf sollte man nicht immer nur stehend fotografieren. Es ist viel spannender, einfach mal die Perspektive zu wechseln.**

Die Motivation für diese Reise

WO SONJA WEITERE
TIEFE EINBLICKE GEWÄHRT

Das Jahr 2020 war das schwierigste Deines Lebens, wie Du in diesem Buch gleich zu Anfang schreibst. Was genau ist passiert?

2020 war in der Tat mein schwierigstes Jahr bisher. Ich habe ein Kind verloren und die (vermeintliche) Liebe meines Lebens, ich wusste nicht mehr, wie es weitergehen sollte. Ich war verzweifelt und voll tiefster Trauer. In derselben Zeit habe ich meiner Mutter zweimal das Leben gerettet und die Angst, sie zu verlieren, war omnipräsent. Dann kam im Frühjahr COVID-19 dazu und nahm mir zusätzlich die berufliche Perspektive.

Meine kleine, mehrfach ausgezeichnete Reise-agentur kam von einem Tag auf den anderen zum Stillstand, und auch mit meiner gerade so richtig gut anlaufenden Karriere als Motivations-Rednerin sah es erstmal nicht viel besser aus. Da stand ich nun mit meinen tiefen Verlusten, dem schier unerträglichen Schmerz, den Tränen und dem vermeintlichen Nichts.

2020 war also eine wirkliche Herausforderung, aber es hat mich rückblickend einiges gelehrt: Ich habe gelernt, wie verletzlich ein ansonsten so starker Mensch wie ich sein kann. Ich habe gelernt, aktiv um Hilfe zu bitten, was ich in der Vergangenheit nur selten getan hatte.

Und ich habe am eigenen Leib erfahren, wie wichtig der Beistand von Freunden und Familie in solch schwierigen Zeiten ist. Was mir in diesem Jahr außerdem sehr geholfen hat, ist etwas, das mir schon so oft im Leben von Nutzen war und worüber ich gern in meinen Reden spreche: Ich habe mich voll auf meine eigenen Stärken fokussiert und immer wieder aktiv versucht, Glücksmomente zu gestalten.

So kam es auch zu dieser Reise, denn die Grund-idee war nicht viel mehr als: einem enorm schwierigen Jahr ein gutes Ende zu bereiten.

Woher hast Du die Kraft für diese Reise genommen?

Wie mein Mentor (und UN-Sonderbotschafter) Lewis Pugh immer sagt: »There's nothing more powerful than a made up mind.« Es gibt nichts Mächtigeres als eine klare Entscheidung. Und ich wollte schlichtweg wieder glücklich sein!

Warum war ausgerechnet Namibia Dein Ziel?

Es zählt seit vielen Jahren neben Neuseeland und der Mongolei zu meinen Lieblingsländern. Eine Reise dorthin erschien mir daher als der richtige Weg, meinen positiven Spirit und mein Lächeln zurückzugewinnen.

Musstet Ihr in Quarantäne?

Wie sagt man so oft: Gutes Timing ist alles. Namibia war zum Zeitpunkt unserer Reise fast COVID-19 frei und damit eine recht sichere Reisedestination. Für die Einreise mussten wir lediglich einen negativen PCR-Test vorweisen. Vor Ort waren – Mitte November aus Deutschland kommend – keine weiteren Tests und keine Quarantäne mehr erforderlich. Auch bei der Rückreise nach Deutschland mussten wir aufgrund der geringen Fallzahlen in Namibia nicht in Quarantäne. Damit kamen wir beide Male um dieses leidige Thema herum. Nur wenige Wochen vor und bereits einige Wochen nach unserer Tour wäre eine so unkomplizierte Ein- und Rückreise nicht möglich gewesen.

Gab es kritische Situationen zwischen Euch beiden? Zwei Frauen über mehrere Wochen auf so engem Raum, das klingt interessant.
Carolyn und ich sind sehr gut befreundet und es kam Gott sei Dank zu keinerlei Konflikten. Ausschlaggebend sind in solchen Situationen, glaube ich, vor allem Toleranz und offene Kommunikation. Und Einzelzimmer! Wir beide haben die Möglichkeit sehr geschätzt, uns zumindest nachts für ein paar Stunden zurückziehen zu können.

Wann geht es für dich wieder nach Namibia?
Möglichst bald! Bereits für Ende 2021 haben ich mit meiner Agentur Sonnenkind die erste »Reise zum Buch« geplant – für Menschen, die diese wunderschöne Tour gemeinsam mit Carolyn, mir und George erleben möchten.

Habt Ihr auch schon Eure nächste Reise zu einem anderen Ziel geplant?
Carolyn und ich haben noch viele tolle Ideen z. B. eine Reise durch die Mongolei zu den kasachischen Adler-Jägern, nach Lappland zu den Rentier-Hirten, nach Neuseeland …

Die wichtigste Frage zum Schluss: Ist es Dir mit dieser Reise gelungen, das für Dich so herausfordernde Jahr 2020 positiv zu beschließen?
Ja, diese Reise und alles, was sich daraus entwickelt hat, war wirklich sehr heilsam für mich. Sie hat dem so schweren Jahr ein unvergessliches Ende bereitet und ließ mich wieder frei atmen.

Sonja Piontek

Gab es gefährliche Situationen mit Wildtieren?
Die kleine »Verfolgungsjagd« mit den drei Nashörnern zu Beginn der Tour war nicht unkritisch (siehe S. 37–39). Auch der Moment in Etosha, als rund 70 Elefanten um uns herum die Straße überquerten, hätte durchaus gefährlich werden können (siehe S. 85–88). In solchen Situationen ist es enorm wichtig, die Tiere und ihre Körpersprache sehr aufmerksam zu beobachten und, wie im Fall mit den Nashörnern, ruhig, aber gezielt wegzufahren – bzw. wie in der Situation mit den Elefanten eben genau das nicht zu tun, sondern völlig still zu verharren und das Auto nicht zu bewegen.

≫ Es gibt nichts Mächtigeres als die klare Entscheidung, wieder glücklich zu sein.

Reiseinformationen

WO WISSENSWERTES ZU NAMIBIA-REISEN STEHT

LAND

Die Republik Namibia ist ein Staat im südlichen Afrika, der zwischen Südafrika, Angola, Botswana, Sambia und dem Atlantischen Ozean liegt. Mit nur knapp 2,5 Millionen Einwohnern auf 824 000 km² – was etwa 2,83 Einwohnern pro Quadratkilometer entspricht – ist Namibia nach der Mongolei das am dünnsten besiedelte Land der Welt. Im Vergleich dazu liegt die Bevölkerungsdichte in Deutschland bei 233 Menschen pro Quadratkilometer. Die Hauptstadt Namibias ist Windhoek.

BEVÖLKERUNG

Namibia ist ein äußerst interessanter Vielvölkerstaat, in dem Menschen sehr unterschiedlicher Herkunft friedlich zusammenleben. Die Bevölkerung verteilt sich sehr ungleichmäßig vor allem auf die Zentralregion um Windhoek sowie den fruchtbaren Norden.

FOLGENDE ETHNIEN LEBEN U. A. IN NAMIBIA:

> San: Die besonders friedfertigen San gelten als die älteste Bevölkerungsgruppe und Ureinwohner Namibias (s. Glossar).

> Damara: Die zweite Gruppe der Ureinwohner des südwestlichen Afrikas.

> Ovambo: Mit knapp 50 % stellt dieses erst im 16./17. Jahrhundert eingewanderte Volk heute die größte Bevölkerungsgruppe im Land.

> Kavango: Eine kleine Volksgruppe, die vor allem im Bereich des Okavango ansässig ist.

> Herero: Ein im 16. Jahrhundert eingewanderter Volksstamm, in dessen Geschichte es häufig zu blutigen Auseinandersetzungen kam. Als besonders einschneidend gilt der Völkermord 1904 bis 1908 durch die deutsche Kolo-nialregierung. Heute leben etwa 100 000 der insgesamt 120 000 Herero in Namibia (s. Glossar und Bild unten: Hererofrauen in ihren traditionellen Gewändern).

> Himba: Ein altes Hirtenvolk, das noch häufig auf traditionelle Weise im Kral lebt. Vor allem im Kaokoveld im Nordwesten ansässig (s. Glossar)

> Nama: Zu Kolonialzeiten abwertend als »Hottentotten« bezeichnet, lebt das im 18./19. Jahrhundert eingewanderte Volk heute vornehmlich in der südlichen Region Karas.

> Caprivianer: Die rund 90 000 bantusprachigen Caprivianer leben im Nordosten, in der Region Caprivi und Kavango-West zwischen Namibia, Angola, Sambia und Botswana.

> Rehobother Baster: Afrikaans sprechende, rund 30 000 Menschen zählende Volksgruppe. Als Nachkommen von holländischen Siedlern der Kapregion und Nama-Frauen (»Bastarde«) sind die Rehobother Baster eher hellhäutig, sie leben zumeist in der Region um Rehoboth.

> Weiße: Knapp 5 % der Einwohner Namibias sind Weiße, davon sind ca. 90 000 Afrikaaner (Buren), während ca. 22 000 deutscher Herkunft sind (Nachfahren deutscher Siedler sowie neu Zugewanderte) und rund 5000 Portugiesen. Auch nach mehr als 30 Jahren der Unabhängigkeit wird die Ökonomie des Landes zum überwiegenden Teil von den Weißen bestimmt.

> Chinesen: Seit der Unabhängigkeit 1990 ist die Zahl der in Namibia lebenden Chinesen drastisch angestiegen, heute sollen rund 100 000 Chinesen in dem bevölkerungsarmen Staat leben und arbeiten.

SPRACHEN

Die offizielle Amtssprache Namibias ist seit der Unabhängigkeit im Jahr 1990 Englisch. Im Vielvölkerstaat werden jedoch sehr viele Sprachen gesprochen. Als sogenannte Nationalsprachen gelten: Afrikaans, Deutsch, KhoeKhoegowab, Oshikwanyama, Oshindonga, Otjiherero, Rukwnagali, Setswana und Silozi. Daneben existiert eine Anzahl kleinerer Sprachen und Dialekte, wie die der San. Mit Englisch sowie zum Teil auch Deutsch kann man sich als Tourist meist gut verständigen. Bei Besuchen der indigenen Stämme wie der San oder der Himba bietet sich die Begleitung durch einen Übersetzer an.

GESCHICHTE

Bis zur Entdeckung durch die Europäer war das heutige Namibia lediglich von vereinzelten Nomadenstämmen der San und Damara bewohnt. Als erste Europäer erreichen Ende des 15. Jahrhunderts die Portugiesen das Land. Aufgrund des fehlenden Süßwasservorkommens und der unwirtlichen Küstenregion bleibt Namibia vorerst für die Europäer uninteressant. Nach und nach wandern afrikanische Völker wie die Herero ein, es kommt in den Folgejahren immer wieder zu Auseinandersetzungen zwischen den verschiedenen sich in Namibia ansiedelnden Stämmen.

1805 erreichen die ersten christlichen Missionare Namibia. Um 1850 locken Kupfer-, später große Diamantenfunde immer mehr Weiße an. Aufgrund zunehmender Spannungen bitten die weißen Siedler und Missionare Großbritannien und das 1871 gegründete Deutsche Reich um Hilfe. 1878 kommt es zu einer Besetzung der Gegend um Walvis Bay durch Großbritannien.

1883 nehmen die Deutschen beim sogenannten »Meilenschwindel« weite Bereiche des Landes um Lüderitz ein und gründen dort einen

Handelsstützpunkt. Auf der Berliner Konferenz wird das als Südwestafrika bezeichnete Land unter den »Schutz« des Deutschen Kaiserreichs gestellt. Am 30. April 1885 wird die Deutsche Kolonialgesellschaft für Südwestafrika gegründet. Die Kolonialpolitik sorgt zwar für technischen und wirtschaftlichen Fortschritt, aber auch für umfangreiche Konflikte, die im Kolonialkrieg zwischen 1904 und 1907 ihren traurigen Höhepunkt erreichen.

Bei der mittlerweile offiziell als Genozid bezeichneten Verfolgung und Ermordung unter der Führung des preußischen Generals Lothar von Trotha kommen zwischen 60 000 und 70 000 Herero (ca. 80 %) sowie ca. 10 000 Nama ums Leben. Erst Ende 2015 beginnt der offizielle Dialog zwischen Deutschland und Namibia zur Aufarbeitung der deutschen Verbrechen in der Kolonialzeit. Beide Staaten entsenden dafür Sonderbeauftragte. Nach sechs Jahre dauernden Gesprächen um eine angemessene Wiedergutmachung für den deutschen Völkermord an den Herero und Nama haben die deutsche und die namibische Regierung im Mai 2021 eine erste Einigung erzielt: Deutschland erkennt den Völkermord offiziell an, entschuldigt sich und will mehr als eine Milliarde Euro Wiederaufbauhilfe leisten. Es gibt jedoch nach wie vor Kritik an diesem Abkommen.

Mit dem Vertrag von Versailles verliert Deutschland 1919 seine Kolonie. Namibia wird unter südafrikanische Mandatsmacht gestellt und Südafrika überträgt seine Apartheidspolitik auf Namibia. Infolgedessen gründet sich die Unabhängigkeitsbewegung South West African People's Organisation (SWAPO). Erst nach vielen Jahren des Kampfes durch die SWAPO und des Drucks durch die internationale Gemeinschaft entlässt Südafrika Namibia im Jahre 1990 in die Unabhängigkeit. Seit 2015 wird die semipräsidentielle Republik von Präsident Hage Geingob (SWAPO) vom Stamm der Damara regiert.

EINREISE

Deutsche, Österreicher und Schweizer können zu touristischen Zwecken problemlos für bis zu 90 Tage ohne Visum nach Namibia einreisen. Bei der Einreise wird eine entsprechende Aufenthaltsgenehmigung in den Pass gestempelt. Der Pass muss am Tag der Ankunft noch mindestens sechs Monate gültig sein.

FLÜGE

Verschiedene internationale Airlines bieten Flüge nach Namibia an. In der Regel fliegt man von Deutschland aus entweder direkt oder mit einem kleinen Stopover über Südafrika oder die Emirate. Zielflughafen ist der Hosea Kutako International Airport bei Windhoek.

FORTBEWEGUNG IM LAND

Namibia ist ein sehr großes Land mit einem kaum ausgebauten öffentlichen Verkehrsnetz. Individualreisenden wird daher die Anmietung eines Mietwagens empfohlen. Das Straßennetz ist gut ausgebaut. Da jedoch nur rund 20 % der Straßen asphaltiert sind, bietet sich in jedem Fall ein Allradfahrzeug an.

GELD

Währung ist der Namibia-Dollar, kurz N$. Daneben ist der südafrikanische Rand gleichwertiges Zahlungsmittel und wird überall im Land akzeptiert. Generell bietet es sich in Namibia an, zumindest ein wenig Bargeld bei sich zu führen, da die Bezahlung per Karte außerhalb der Lodges und größerer Städte meist nicht möglich ist.

REISEZEIT

Das Schöne an Namibia ist, dass man es grundsätzlich ganzjährig ohne Probleme bereisen kann. Je nach persönlicher Präferenz bieten sich folgende Zeiten an.
Zwischen Mai und Dezember herrscht (in der Regel) Trockenzeit, sie ist vor allem für die Wildtier-

beobachtung gut geeignet, weil sich dann die Tiere an den Wasserlöchern versammeln.

Januar bis April gilt als Regenzeit, für viele Reisende ist dies aufgrund der für Namibia verhältnismäßig üppigen Vegetation und der Blüten in Steppe und Wüste auf eine ganz andere Art reizvoll.

Juni und Juli sind als Wintermonate eher kühl, wer also mit der üblichen afrikanischen Hitze zu kämpfen hat, sollte besser in diesen Monaten reisen. Tagsüber steigen die Temperaturen selten über 20 °C.

August und September sind auch noch relativ kühl, es kommt in dieser Zeit jedoch häufiger zu starken Winden.

SICHERHEIT

Namibia gilt als eines der sichersten Länder Afrikas, die Menschen sind grundsätzlich sehr freundlich und hilfsbereit. Dennoch sollte man nicht nachts allein durch unbekanntes Gebiet gehen und auch nicht im Dunkeln Auto fahren. Außerdem muss auch hier in den größeren Städten und an touristischen Brennpunkten mit der üblichen Kleinkriminalität gerechnet werden.

GESUNDHEIT

Das sehr trockene Klima Namibias ist in Bezug auf Krankheiten vorteilhaft – nur wenige Krankheitserreger können in dem trocken-heißen Klima überleben. Der allgemeine medizinische und Hygiene-Standard liegt in Namibia weit über dem afrikanischen Durchschnitt und kann als sehr gut bezeichnet werden. Impfungen sind nicht vorgeschrieben.

WARUM NAMIBIA?

Es gibt 1000 gute Gründe für eine Reise nach Namibia – hier noch einmal zusammengefasst die wichtigsten:

> Die Landschaften sind unglaublich vielseitig und schlichtweg wunderschön.

> Namibia bietet den Besuchern das volle Safari-Erlebnis mit typisch afrikanischen Lodges und einer enormen Fülle an Wildtieren.

> Der Etosha-Nationalpark gilt als einer der weltweit besten Orte zur Wildtierbeobachtung.

> Völker wie die San oder die Himba entführen in eine tief inspirierende und uns völlig fremde Welt.

> Namibia ist ein Offroad-Paradies.

> Die Wüste Namib zählt nicht umsonst zu den beeindruckendsten der Welt und ein Besuch bleibt in jedem Fall ein unvergessliches Erlebnis.

> Die Zeitverschiebung zu Deutschland beträgt lediglich eine Stunde, damit kommt es nicht zum leidigen Jetlag.

> Der medizinische und hygienische Standard ist sehr hoch.

> Und was natürlich auch extrem wichtig ist: Namibia gilt als eines der sichersten Länder Afrikas.

Reise-Glossar

BIG FIVE

Das sind: Elefant, Löwe, Leopard, Nashorn und Büffel. Der Begriff der Großen Fünf stammt von den ehemaligen Großwildjägern Afrikas. Heute wird er vornehmlich im Zusammenhang mit Safaris verwendet. Die Big Five gelten für viele Besucher Afrikas als die Tiere, die sie unbedingt zu Gesicht bekommen möchten.

BRAAI

Braai ist die traditionelle Form des Grillens, die vor allem in Namibia und Südafrika populär ist. Der Begriff stammt ursprünglich aus dem Afrikaans und bedeutet einfach: braten. Typisch für ein Braai sind große Mengen an Fleisch und stark gewürzte Würste.

BUSCH

Das ursprüngliche, unkultivierte und oft raue Land, auf dem häufig eine Vielzahl an Wildtieren lebt. Die meisten Lodges und Farmen verfügen aufgrund ihrer Größe über viele Hektar Busch.

BUSHMAN/BUSCHMANN
siehe San

BUSH WALK

Eine meist geführte Wanderung durch den Busch mit dem Ziel, Tiere zu beobachten oder Einblicke in das Leben und Überleben im Busch zu erhalten.

CAMP

Neben Lodge ist das Camp eine weitere gebräuchliche Bezeichnung für eine touristische Unterkunft, gerade in den Nationalparks. Camps können sowohl einfach wie auch sehr luxuriös sein. Auch sie zeichnen sich durch individuelle Unterkünfte in kleinen Häuschen oder Hütten aus. Manchmal wird der Begriff auch genutzt für einen Campingplatz.

ETOSHA

Etosha steht in der Oshiwambo Stammes-Sprache für »großer weißer Platz« und ist ein passender Ausdruck für die Etosha-Pfanne. Mit einer Länge von 110 km und einer maximalen Breite von 60 km ist die 4,731 km² große Salzpfanne mit ihrem hellen Lehmboden eine gewaltige Ebene in Weiß. Sie verlieh dem gesamten Nationalpark seinen Namen.

GAME, GAME DRIVE

Game ist die englische Bezeichnung für Wildvögel und Wildtiere, und ein Game Drive ist das, was im Deutschen oft als Safari bezeichnet wird. In einem zumeist offenen Geländefahrzeug fahren Touristen und Besucher zur Beobachtung der Wildtiere in den Busch. In der Regel begleitet ein erfahrener Wildführer den Game Drive, hilft bei der Sichtung der Tiere und gibt Einblicke in die faszinierende Fauna.

HERERO

Das ehemalige Hirtenvolk der Herero (oder Ovaherero, da Herero eigentlich singular ist) ist eine rund 120 000 Menschen umfassende Volksgruppe, die überwiegend in Namibia lebt. Die meisten Herero sind heute als Arbeiter auf Farmen beschäftigt oder als Händler und Handwerker in der Stadt. Die Frauen tragen neben der traditionellen Kopfbedeckung wunderschöne, lagenreiche und häufig sehr bunte Kleider.

der meist lediglich aus Maismehl und Wasser zubereitet wird, manchmal mit etwas Milch.

RUSK

Die doppelt gebackenen, harten Kekse werden in Namibia gern zum Frühstück in den Kaffee oder Tee getaucht.

SAFARI

Eine Safari ist eine Expedition, eine Überlandreise. Der aus dem Arabischen stammende Begriff bezeichnete früher meist einen Jagdausflug, heute geht es eher um die Sichtung von Wildtieren. In Namibia werden für Ausflüge zur Wildtier-Sichtung jedoch häufiger die Begriffe Game Drive oder Bush Walk verwendet.

SAN

San oder Khoi-San ist die Bezeichnung für eine der ältesten Stammesgruppen im südlichen Afrika, die sich durch ihre faszinierende Klicksprache und den traditionellen (inzwischen aber bedrohten) Lebensstil als Jäger und Sammler auszeichnet. In Europa bekannt wurde das indigene Volk vor allem durch den Kinoerfolg »Die Götter müssen verrückt sein«. Die Bezeichnung San stammt aus der Sprache der Nama und bedeutet so viel wie: »Die, die etwas vom Boden auflesen«. Die ehemalige Bezeichnung der San als Buschmänner oder Buschleute wird heute als diskriminierend abgelehnt.

SHEBEEN

Shebeens sind kleine lokale Lädchen im südlichen Afrika, in denen es Lebensmittel und manchmal auch Alkohol zu kaufen gibt. Gerade in den ärmeren Gegenden und auf dem Land steht der Begriff häufig auch für informelle Kneipen.

SUNDOWNER

Ein Genuss bei Sonnenuntergang. Meist wird dieser alkoholische Dämmerschoppen gemeinsam im Freien eingenommen.

HIMBA

Die Himba (oder Ovahimba, da Himba eigentlich singular ist) sind eines der kleinen, indigenen Völker Namibias (sowie im südlichen Angola). Das Hirtenvolk ist im Westen vor allem durch die rote Ockerfarbe auf ihrer Haut sowie die faszinierende Haartracht bekannt. Viele der geschätzt rund 7000 Himba in Namibia leben noch heute sehr ursprünglich in den oft entlegenen Krals.

KRAL

Ein Kral (oder Kraal) ist eine ringförmig angelegte Siedlungsform im südlichen Afrika, meist begrenzt durch einen Wall aus Dornengestrüpp. Im Deutschen werden diese häufig als *Dorf* bezeichnet.

LANDI

Umgangssprachliche, überall im Land gebräuchliche Bezeichnung für Land-Rover-Fahrzeuge.

LODGE

Landestypische, eher gehobene Unterkunft in Afrika, häufig im Safari-Stil. Lodges zeichnen sich durch vereinzelte kleine Häuschen oder individuelle Hütten aus.

PAP

Pap ist für viele Menschen im südlichen Afrika eines der wichtigsten Grundnahrungsmittel. Es handelt sich um einen einfachen Maisbrei,

Danksagung

WO DIE UNTERSTÜTZUNG ANDERER ERKENNTLICH WIRD

Ohne die Mithilfe aller Beteiligten wäre dieses Buch nie zu dem geworden, was Sie heute in den Händen halten. Daher möchten wir uns von Herzen bedanken bei den namentlich genannten Personen, aber auch bei all jenen, die direkt oder indirekt zur Entstehung dieses Buchprojekts beigetragen haben und hier nicht aufgeführt sind.

Unser Dank geht an:

IN NAMIBIA

Ingeborg Hernes für unvergessliche Safari-Ausritte und goldene Sonnenuntergänge im Busch.

Klaus und das gesamte Team von der Okapuka Ranch für das Gefühl, nach Hause zu kommen, immer wenn wir bei euch sind.

George Kaingob für die tiefe Freundschaft, die uns seit Jahren verbindet.

Anja Flachberger für die Option, ihren Defender zu bekommen, auch wenn wir darauf letzten Endes nicht zurückgreifen mussten.

Joel Haikali und das gesamte Team für die hollywoodreife Aufnahme meiner Motivations-Rede in dem provisorisch aufgebauten Studio auf der Farm.

René Baard und Jeanette de Klerk von Goanikontes für die bezaubernden Momente auf dem Mond und mit eurem geliebten Suzi-Kind.

N!ani und seine Stammesgenossen für ganz besondere Momente bei den San.

Jörn und Oliwia Gressmann für die Bestätigung, dass es die wahre Liebe auf den ersten Blick wirklich gibt.

Coenie für den warmen Empfang auf Ai Aiba und die Erlaubnis, zum ersten Advent auf den Felsmassiven offroaden zu dürfen.

Rimunikawi Tjipurua für tiefe Einblicke in die Welt der Himba.

Die Himba des Dorfes Okamuue für ihre Geduld und Offenheit, uns ihren Lebensstil näher zu bringen.

Herman Van Zyl, »The Amaaaaaaaaaaazing Desert Man«, und Duan für eine spektakuläre Wüstentour und die Übernachtung unter dem funkelnden Sternenhimmel inmitten der Namib.

Mare-Lize Peddie und Laramon Tours für die kühle, aber sehr erlebnisreiche Atlantik-Katamaran-Tour.

Katja Basler aus Helmeringhausen für ein so schönes Mittagessen mit dem besten Apfelkuchen und dem besten Leberkäse Namibias.

Joseph und die Sand-Schieber für die selbstlose Hilfe und den endlosen Fotospaß im Sand.

Coenie Nolte für unvergessliche Momente mit seinen Geparden-Mädels.

IN DEUTSCHLAND

Bei National Geographic:

Clemens Schüssler für die Idee und das Vertrauen, über diese Reise statt eines Artikels ein National-Geographic-Buch zu machen.

Joachim Hellmuth für den sofortigen Glauben an dieses Projekt und die schnelle Umsetzung.

Das tolle Verlagsteam: Andreas Thorey, Katja Zirkel, Birgit Hürter sowie Angelika Gäck für die engagierte Unterstützung.

Juliane Braun, Gaby Herbrecht und Bettina Schippel für die konstruktive Zusammenarbeit.

>> Wenn du schnell
gehen willst, geh alleine.
Wenn du weit kommen
willst, geh mit anderen.

Afrikanisches Sprichwort

Bei Land Rover / Agentur APS:

Nils Lindau und Dag Rogge für das Angebot, uns einen Wagen aus der Experience-Flotte zur Verfügung zu stellen.

Robin Colgan, Tina Pienaar-Smit, Blane Marsili, Iren Kakooza, Lisa Mallett und das ganze Team von Jaguar Land Rover für die umfangreichen Bemühungen, ein entsprechendes Fahrzeug für diese Tour zu bekommen.

Wanjo Meyer für die tolle Unterstützung in Namibia und die gemeinsame Fahrt in die Namib.

Tony für die herzliche Übergabe am Ende unserer Tour – und das, obwohl es frühmorgens an einem Feiertag war.

Ingeborg, Karin und Peter für die hilfreiche Erstrezension.

Abschließend möchten wir uns natürlich bei unseren Familien und Freunden bedanken, die seit jeher an uns glauben und uns bei unseren weltweiten Abenteuern zur Seite stehen.

Die *Autorin*

Sonja Piontek ist eine preisgekröne Unternehmerin, international publizierte Autorin sowie gefragte Motivations-Rednerin zum Thema UltraCreativity und der Entfaltung von Exzellenz. Nach langjähriger internationaler Konzernkarriere machte sie sich 2018 selbstständig. Die kosmopolite Münchnerin hat außer in Deutschland in Österreich, Indonesien, Neuseeland, China und Singapur gelebt und spricht fünf Sprachen. Das Buch »Sonnengeflüster« ist Zeugnis ihrer Abenteuerlust und Offenheit anderen Kulturen gegenüber.

Sonja Pionteks Agentur »Sonnenkind« wurde für die Organisation besonderer Reiseerlebnisse mehrfach ausgezeichnet. Ab Ende 2021 bietet »Sonnenkind« unterschiedliche Touren durch Namibia an, damit Sie die in diesem Buch geschilderten spektakulären Abenteuer auch selbst erleben können:
www.sonjapiontek.com, www.sonnenkind-reisen.de

Die *Fotografin*

WO DIE PASSION
ZUR PROFESSION WIRD

Carolyn Strover ist eine äußerst vielseitige und international publizierende Fotografin mit multi-nationalem Hintergrund. Aufgewachsen als Kind englisch-deutscher Eltern in Tokio, lebte sie lange in Amerika sowie mehr als 16 Jahre in Singapur, wo sie ihre Passion für Fotografie in eine beruf-liche Karriere umwandelte. Begonnen hat sie als Studio- und Porträtfotografin, ist aber inzwischen gleichermaßen für ihre Aufnahmen von Menschen unterschiedlichster Völker sowie ihre Reisefoto-grafie bekannt. Seit 2019 lebt und arbeitet sie in Berlin.

Folgen Sie Carolyn Strover in die facettenreiche Welt ihrer Bilder oder kommen Sie mit auf die von ihr fotografisch begleiteten Reisen:
www.carolynstrover.com

» Außergewöhnliches zu erleben und Träume zu verwirklichen beginnt genau hier und jetzt: Einfach machen! Schauen Sie auf unsere Webseite und gehen Sie mit uns auf die Reise.

www.sonnenkind-reisen.de

Die magischsten Momente
mit Wildtieren erlebt man in Stille
und Demut.

Impressum

Verantwortlich: Joachim Hellmuth
Lektorat: Dr. Juliane Braun
Gestaltung und Satz: VerlagsService Gaby Herbrecht
Umschlaggestaltung: Nina Andritzky
Repro: LUDWIG:media
Korrektorat: Christiane Gsänger
Herstellung: Bettina Schippel
Printed in Slowenia by Florjancic

★ ★ ★ ★ ★

Sind Sie mit diesem Titel zufrieden? Dann würden wir uns über ihre Weiterempfehlung freuen.

Erzählen Sie es im Freundeskreis, berichten Sie ihrem Buchhändler, oder bewerten Sie bei Onlinekauf. Und wenn Sie Kritik, Korrekturen, Aktualisierungen haben, freuen wir uns über Ihre Nachricht an National Geographic Buchverlag, Postfach 40 02 09, D-08702 München oder per E-Mail an lektorat@verlagshaus.de

Unser komplettes Buchprogramm finden Sie unter:

www.nationalgeographic-buch.de

Alle Angaben dieses Werks wurden von den Autorinnen sorgfältig recherchiert und auf den neuesten Stand gebracht sowie vom Verlag geprüft. Sollte diese Werk Links auf Webseiten Dritter enthalten, so machen wir uns die Inhalte nicht zu eigen und übernehmen für die Inhalte keine Haftung.

In diesem Buch wird aus Gründen der besseren Lesbarkeit das generische Maskulinum verwendet. Weibliche und anderweitige Geschlechteridentitäten werden dabei ausdrücklich mitgemeint, soweit es für die Aussage erforderlich ist.

Bildnachweis: Alle Bilder im Innenteil und auf dem Umschlag stammen von Carolyn Strover, außer:.Sonja Piontek: S 4/5, 8/9, 10, 11, 28, 37, 67, 74 (oben), 80/81, 93, 95, 108 (unten), 114, 126, 128, 129, 137, 141, 152 (oben), 158, 195 (unten), 196, 208.

Weitere Abbildungen:
Umschlagvorderseite: Unvergessliche Erlebnisse in der Weite der Namib-Wüste. Umschlagrückseite: Von Safari Ausritten mit Nashörnern, einem gemeinsamen Mittagessen mit den Himba Frauen im Kral über spannende Wildtierbeobachtungen im Etosha National Park bis hin zu Momenten meditativer Ruhe in Sossusvlei.

Seit ihrer Gründung 1888 hat sich die National Geographic Society weltweit an mehr als 14 000 Expeditionen, Forschungs- und Schutzprojekten beteiligt. Die Gesellschaft erhält Fördermittel von National Geographic Partners LLC, unterstützt unter anderem durch Ihren Kauf. Ein Teil der Einnahmen dieses Buches hilft uns bei der lebenswichtigen Arbeit zur Bewahrung unserer Welt. Das legendäre NATIONAL GEOGRAPHIC Magazin erscheint monatlich. Darin veröffentlichen namhafte Fotografen ihre Bilder und renommierte Autoren berichten aus nahezu allen Wissensgebieten der Welt. National Geographic im TV ist ein Premium Dokumentations-Sender, der ein informatives und unterhaltsames Programm rund um die Themen Wissenschaft, Technik, Geschichte und Weltkulturen bereithält. Falls Sie mehr über National Geographic wissen wollen, besuchen Sie unsere Website unter *www.nationalgeographic.de.*

Ebenfalls erhältlich

978-3-86690-778-2

978-3-86690-785-0

978-3-86690-787-4

978-3-86690-677-8